Abenteuer Spiel

Handbuch zur Anleitung kooperativer Abenteuerspiele

von Christoph Sonntag

ziel

PRAKTISCHE ERLEBNISPÄDAGOGIK

vormals Fachverlag Dr. Sandmann

Die Deutsche Bibliothek – CIP-Einheitsaufnahme

Ein Titeldatensatz für diese Publikation ist bei Der Deutschen Bibliothek erhältlich

ISBN 3-934 214-72-X

Verlag	ZIEL – Zentrum für interdisziplinäres erfahrungsorientiertes Lernen GmbH Neuburger Straße 77, 86167 Augsburg 1. Auflage 2002
Graphik und Layoutgestaltung	Ute Gierstorfer, ***alex media***, Gierstorfer & Ferstl GbR Neuburger Straße 77, 86167 Augsburg
Illustrationen:	Jochen Plogsties
Druck und buchbinderische Verarbeitung	Kessler Verlagsdruckerei Michael-Schäffer-Straße 1 86399 Bobingen

Gedruckt auf Recystar matt (100% Altpapier, "Blauer Engel")

An dieser Stelle möchte ich zunächst einmal Daniel danken, ohne dessen Anstoß es dieses Buch wohl nie gegeben hätte.

Dann geht ein besonderer Dank an Rüdiger und Kitzi, die mich mit ihrer Spielfreude und Phantasie angesteckt haben. Darüber hinaus haben sie mich in vielen Gesprächen und Diskussionen immer wieder bestärkt und unterstützt.

Den letzten Schliff bei der Ausformulierung verdanke ich Sybille, die in mühevoller Kleinarbeit das komplette Buch überarbeitet hat. Vielen Dank!

Und zuletzt möchte ich mich noch bei Katja bedanken, die den kompletten Prozess begleitet hat. Sie war mir während der ganzen Zeit eine unschätzbare Unterstützung und Hilfe.

Abenteuer Spiel

Vorwort

Bekanntlich kann man Perlen vor die Säue werfen. Das Sprichwort hat einen entlastenden Charakter. Es impliziert – in einem pädagogischen Kontext –, dass die Kinder, Jugendlichen oder sonstigen »Klienten« nicht in der Lage gewesen sind, ein wertvolles Angebot, welches man ihnen gemacht hat, zu nutzen. Immerhin lässt es auch die Interpretation zu, dass das Angebot vielleicht nicht zu den aktuellen Bedürfnissen gepasst hat: die »Säue« hätten z.B. zuallererst einmal Nahrung gebraucht. Einen anderen Aspekt der pädagogischen »Wirklichkeit« blendet das Sprichwort hingegen völlig aus: »Perlen« bestehen hier nicht einfach aus einem Rohmaterial, das man beliebig »anwenden« kann. In vollem Glanz können pädagogische »Rohstoffe« vielmehr nur dann erstrahlen, wenn sie zu einem geeigneten Zeitpunkt auf eine interessante, den Adressaten angemessene und auf ihre Bedürfnisse zugeschnittene Weise präsentiert und verwendet werden.

In diesem Sinne ist das vorliegende Buch ein handwerklicher Führer, der sich zunächst mit den wesentlichen Eigenschaften eines pädagogischen »Rohstoffes«, der »kooperativen Abenteuerspiele«, beschäftigt, dabei auch einen kurzen Blick auf dessen Herkunft wirft, um dann umfassend auf die vielfältigen Fragen der Kunst seiner Bearbeitung und Veredelung einzugehen und sich auch mit den Vor- und Nachteilen bestimmter Anwendungstechniken sowie mit »Risiken und Nebenwirkungen« auseinanderzusetzen. Es ist, wie wir finden, ein sehr gründlicher Führer. Da wir selber einen Anteil an der Verbreitung der »kooperativen Abenteuerspiele« gehabt, und dabei manche »handwerklichen« Fragen nur relativ kurz angerissen haben, freuen wir uns, dass mit diesem Buch jetzt ein vertiefender Beitrag zu einer qualifizierten Arbeit mit diesen Spielen geleistet wird.

Hinzu kommt, dass das Buch über rein »handwerkliche« Fragen hinausgeht, und sich – auf eine sehr pragmatische Weise – auch mit einigen grundlegenden Modellen, Positionen und Fragen auseinandersetzt, die für die verantwortliche Nutzung jedes pädagogische Handwerkszeuges von entscheidender Bedeutung sind, meist aber separaten theoretischen Büchern überlassen werden. Quasi als roter Faden schimmert durch die verschiedenen Kapitel dabei ein gründlich durchdachter Arbeitsstil, der dem Leser gleichzeitig die Freiheit lässt bzw. ihn geradezu ermutigt, es vielleicht auch einmal anders zu probieren. Das Buch hebt sich also, anders gesagt, angenehm von einem pädagogischen »Kochrezeptbuch« ab.

Es ist, last not least, ein angenehm zu lesendes Buch eines ziemlich humorvollen Autors. Nicht nur wer, wie wir selbst, einmal in den Genuss gekommen ist, mit ihm zusammen zu arbeiten, wird gelegentlich seine Freude an der lockeren Art haben, mit der verschiedene Modelle, Arbeitsweisen und Beispiele hier dargestellt werden.

Kurz gesagt: wir wünschen dem Leser und der Leserin »fill Spass ann der Freud«.

Rüdiger Gilsdorf und Günter Kistner

Einleitung

Einleitung

Eine Gruppe von elf Studenten und Studentinnen hat sich an einem sonnigen Freitag Morgen vor der Turnhalle auf einer Wiese zu einer Spielrunde getroffen. Nach einer kurzen Vorstellungsrunde stellen sich alle in einem Kreis auf. Los geht es mit der *»Gruppenjonglage«*. Die Spielleitung wirft einen Jonglierball zu einem der im Kreis stehenden Spieler. Dieser wirft den Ball zur nächsten Person und so weiter. Bei jedem Wurf rufen die Spieler den Namen der Person, zu der sie werfen. Nach und nach werden immer mehr Gegenstände in die Runde gegeben, zunächst noch ein Jonglierball, dann eine Stoffschildkröte, gefolgt von einer Zahnbürste und einem Gummihuhn. Das Spiel endet in einem fröhlichen Chaos.

Im Anschluss spielt die Gruppe *»Mondball«*. Ein aufgeblasener Wasserball wird so oft wie möglich hoch in die Luft geworfen. Nach einigen Durchgängen wird der Schwierigkeitsgrad gesteigert und am Schluss darf kein Spieler den Ball ein zweites Mal berühren, bevor nicht alle anderen Spieler an der Reihe waren. Bei dieser Variante ist die Gruppe darauf angewiesen, ihre Taktik zu ändern und eine Diskussion entsteht, wie vorzugehen ist. Nach einer Weile sind sich alle einig und ein neuer Versuch wird gestartet. Das Resultat ist für alle zufriedenstellend.

Danach geht es weiter mit *»Dem schnellen Ball«*. Die Gruppe bekommt von der Spielleitung die Aufgabe, einen Ball so schnell wie möglich durch alle Hände zu reichen. Die Zeit wird gestoppt und die Gruppe versucht, ihre Zeit von Versuch zu Versuch zu verbessern. Neue Ideen und Möglichkeiten werden ausprobiert, bis die Spieler mit dem erreichten Ergebnis zufrieden und alle sich einig sind, dieses nicht mehr verbessern zu können. Durch diese drei Spiele sind die Teilnehmer lockerer geworden und motiviert für das nächste Spiel.

Jetzt ist das Abenteuerspiel *»Edelgastransport«* geplant, das in der Turnhalle stattfinden soll. Die Spielleitung schildert die Aufgabenstellung bei dieser Aktion. Es geht um den Transport wichtiger Edelgase, die von einer Gruppe von Wissenschaftlern auf einer Insel gesammelt wurden. Da in einer halben Stunde ein Wirbelsturm über die Insel fegen wird, sind die Wissenschaftler dazu gezwungen, diese zu evakuieren. Bei den Behältern der Edelgase handelt es sich jedoch um äußerst zerbrechliche Gefäße, die bei Berührung mit dem Boden sofort zerbrechen. Da sie ursprünglich nur zur Lagerung gedacht waren, können sie aufgrund der Wärmeempfindlichkeit auch nicht getragen werden, sondern nur jeweils ein bis zweimal von einer Person hintereinander angetippt werden. Bei der Evakuierung dürfen die Wissenschaftler selber einen

bestimmten Pfad zu den Schiffen nicht verlassen, da sie ansonsten für zwei Minuten bewegungsunfähig sind. Dieser Pfad wurde von der Spielleitung in der Turnhalle schon vorbereitet und führt durch verschiedenste Hindernisse wie z.B. eine Sprossenwand, Bänke unter denen die Gruppe durch muss. Als Behälter fungieren Luftballons. Nachdem der Gruppe die Aufgabenstellung klar und der Parcours vorgestellt ist, beginnt das Spiel. Die Gruppe hat 30 Minuten Zeit, so viele Edelgasbehälter wie möglich zu retten. Die Spielleitung steht etwas abseits und beobachtet die Aktion. Durch den Zeitdruck und die unterschiedlichen Strategievorschläge kommt es zu kleineren Konflikten. Am Ende kann die Gruppe etwa zwei Drittel der Ballons retten, der Rest geht verloren, bzw. die Zeit reicht nicht mehr aus. Im Anschluss kommt es zu einer Reflexionsrunde. Aufgrund der Beobachtungen wird das Geschehene unter den Gesichtspunkten ausgewertet: »Was ist passiert?«, »Was hat das mit jedem einzelnen zu tun?« und »Was kann jeder daraus für sich lernen?«.

So oder so ähnlich könnte eine Spielsequenz kooperativer Abenteuerspiele aussehen. Inwieweit es sich dabei um eine pädagogische Maßnahme oder um eine reine Spaßaktion handelt, ist abhängig von der Art und Weise der Spielleitung. Vielfach werden diese Spiele nur als vorbereitende oder einleitende Aktionen verwendet, besonders in der Erlebnispädagogik als Einstieg für eine natursportliche Aktivität wie Wandern oder Klettern. Dabei werden jedoch die Möglichkeiten und Chancen dieser Spiele unterschätzt. Kooperative Abenteuerspiele verfügen über ein erhebliches pädagogisches Potential, sodass sie bei richtiger Anleitung auch als tragendes Medium einer erlebnispädagogischen Einheit eingesetzt werden können. Mit ihrer Hilfe kann es gelingen, vielfältige Lernprozesse in Gang zu setzen; die Spieler werden angeregt sich mit ihrem Selbstbild, ihren Verhaltensmustern und Emotionen auseinanderzusetzen. Die effektive Nutzung dieser Spiele, der richtige Umgang und Einsatz ist sehr komplex und stellt eine ambitionierte Spielleitung vor große Herausforderungen. Schon die Wortwahl bei der Präsentation, der Einsatz bestimmter Materialien beeinflusst das Spielgeschehen und somit den Lernprozess. Jede Spielgruppe ist anders, etwas Einzigartiges, und auch die Rahmenbedingungen verändern sich ständig. Dennoch ist es möglich und notwendig, Gruppen- und Lernprozesse zu antizipieren und die Einflüsse von Gruppe, Rahmenbedingungen und Spielleitungsverhalten genauer zu bestimmen und somit einen pädagogischen Einsatz gezielt zu planen. Kooperative Abenteuerspiele und deren pädagogisches Potential können so effektiv genutzt und eingesetzt werden. Dieses Buch soll als Wegweiser bei der praktischen Umsetzung dienen.

Die Definition

Die Definition: Kooperative Abenteuerspiele

Der Begriff »Kooperative Abenteuerspiele« wurde im deutschsprachigen Raum von Günter Kistner und Rüdiger Gilsdorf geprägt, die 1995 eine Spielesammlung mit gleichnamigem Titel veröffentlicht haben. Unter diesem Begriff verstehen sie Erlebnisse, die das gemeinsame Handeln einer Gruppe von Menschen verknüpft mit herausfordernden Situationen, die jeden Einzelnen seine Handlungsweisen hinterfragen lassen, und das in einer spielerischen Art und Weise. Das Konzept der Kooperativen Abenteuerspiele basiert auf einer Verzahnung von spiel-, erlebnispädagogischen und gruppendynamischen Überlegungen. Verkürzt gesagt entspräche die Kooperation der Gruppendynamik, das Abenteuer der Erlebnispädagogik und das Spiel der Spielpädagogik (vgl. Gilsdorf/Kistner 1995, 13-18).

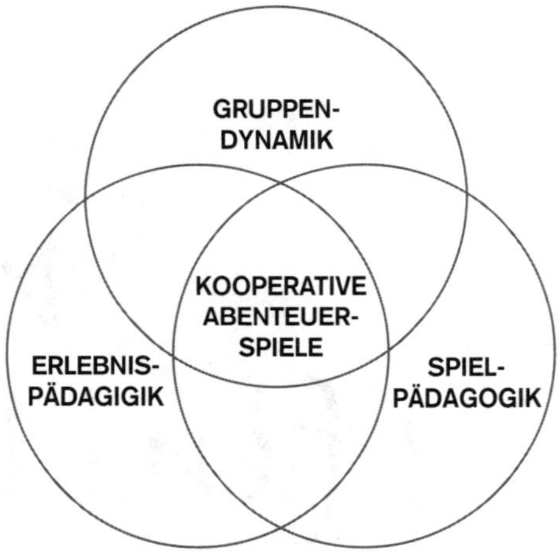

Kooperative Abenteuerspiele beinhalten Kennenlernspiele, Warming Up-Spiele, Wahrnehmungsspiele, Vertrauensspiele, Kooperationsspiele, Abenteuerspiele, Abenteueraktionen und Reflexionsübungen.

Die einzelnen Spiele sind wie die Teile eines Bausatzes. Sie können jeweils für sich gespielt, aber auch zu ganzen Spieleinheiten zusammengestellt werden.
Bei einer aus mehreren Spielen kombinierten Spielkette sollte darauf geachtet werden, dass alle einzelnen Spiele inhaltlich oder thematisch miteinander verbunden sind und in einem sinnvollen pädagogischen Zusammenhang stehen (vgl. Baer 1995, 131).

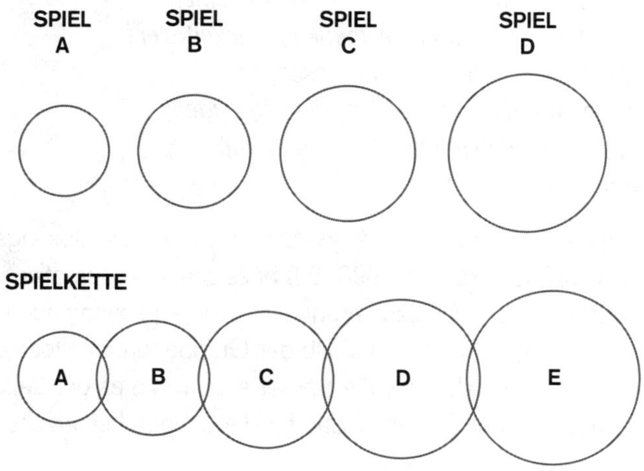

Dabei ist es zunächst wichtig, vorab einen Zielrahmen dahingehend zu formulieren, welchen Zweck die Spieleinheit haben soll. Wobei dies durchaus kritisch zu sehen ist, da die Spieler im Vorfeld der Aktion meistens keinen Einfluss auf die Planung nehmen können. Möglicherweise haben die Spieler ganz andere Erwartungen an die Maßnahme, und wenn es so ist, wie wird damit umgegangen? Eine Thematik, die nicht einfach ist, aber immer wieder auftauchen wird – auch in diesem Buch.

Eine Spielkette besteht demnach aus verschiedenen Spielen, die alle als funktional zur Zielrahmendefinition angesehen werden und sich in ihrer Komplexität und den Anforderungen an die Spieler stetig steigern. Dabei muss die Spielleitung flexibel bleiben, um auf etwaige Wünsche, Spielsituationen und Gruppenveränderungen etc. eingehen zu können. Mittelpunkt oder Höhepunkt der Kooperativen Abenteuerspiele sind die Abenteueraktionen, in der Literatur auch oft Problemlösungsaufgaben oder Initiativübungen genannt. Wesentliche Merkmale dieser Abenteuerspiele sind:

- eine klar umrissene *Aufgabenstellung*, die für die Gruppe als Ganzes gilt,
- die von dieser als eine subjektiv anspruchsvolle *Herausforderung* angesehen wird,
- aber dennoch *spielerischen Charakter* besitzt.

(vgl. Gilsdorf/Kistner 1995)

Um die Aufgabe zu lösen, bedarf es in der Gruppe eines hohen Einsatzes von Engagement auf physischer, kognitiver und emotionaler Ebene, sowie eines hohen Masses an Kooperation und Koordination.

Es ist einfach spannend und knifflig, als gesamte Gruppe eine schwierige Aufgabe wie beispielsweise »Das Spinnennetz« zu meistern. Alle Spieler sollen ein mit Seilen gespanntes Spinnennetz durchqueren, ohne die Seile zu berühren. Jede Öffnung darf jedoch nur einmal benutzt werden. Die Teilnehmer befinden sich in einer völlig ungewohnten Situation. Zuerst muß eine Taktik entwickelt werden, wie alle Spieler es schaffen könnten. Dann müssen die Gruppenmitglieder den einzelnen Personen helfen, die Öffnungen sicher zu passieren. Es können verschiedene Meinungen und Lösungsvorschläge aufkommen u.s.w.

Aufgrund dieses hohen Anforderungsgrads werden solche Problemlösungsaufgaben auch als sog. »ernste Spiele« (Reiners 1993, 20) bezeichnet. Kooperative Abenteuerspiele sind nicht nur mit Spaß verbunden, sondern können auch zu Auseinandersetzungen und Konflikten innerhalb der Gruppe führen. Doch gerade diese Situationen können ideale Lernfelder für die Spieler sein, wenn es der Leitung gelingt, konstruktive Erfahrungen für den Einzelnen und für die Gruppe hervorzuheben.

Aber sind Kooperative Abenteuerspiele dann überhaupt noch Spiele, oder sind es vielmehr Übungen, die entwickelt wurden, um das Lernfeld Spiel pädagogisch zu nutzen?

Kooperative Abenteuerspiele können sowohl Spiel als auch Übung sein, je nach Verlauf des Spielgeschehens.

Entscheidend ist der unterschiedliche Stellenwert des Spielspaßes, der normalerweise bei Spielen eine übergeordnete Rolle besitzt. Die Spieler lernen »durch die Hintertür«, ohne das ihnen dies bewusst sein muss. Auch bei Kooperativen Abenteuerspielen kann dies der Fall sein, ist aber für deren Erfolg nicht unbedingt notwendig. Im Gegenteil kann es auch sein, dass der Spaß zeitweise sehr gering ausfällt und die Gruppe sich schwer tut, die Aufgabe zu lösen. In diesem Fall wird das Spiel aber nicht abgebrochen, wie es normalerweise geschieht, sondern es wird bis zu dem Zeitpunkt weiter gespielt, in dem entweder die Gruppe eine Lösung gefunden hat, sich gemeinsam entscheidet, das Spiel zu beenden, oder eine Intervention der Spielleitung notwendig wird. Unter diesem Gesichtspunkt fallen Kooperative Abenteuerspiele nicht mehr unter die Definition des Spiels bzw. des Lernspiels. Auch bei ihnen wird der Spaß sehr hoch eingeschätzt. Er besitzt jedoch keinen übergeordneten Stellenwert, sondern ist den ande-

ren Zielen, z.B. das Entwickeln von Vertrauen, Kooperations- und Kommunikationsbereitschaft, oder den vorher anvisierten Lernzielen gleichgestellt.

Die Motivation und der Spaß sind der Motor einer Spielsequenz als Ganzes, aber nicht notwendig für den Erfolg einzelner Spielelemente. Neben dem hohen Anforderungsgrad, vor allem bei den Problemlösungsaufgaben, sollte der Aufforderungsgrad, d.h. die Motivation, der Spaß, daher immer wieder angesprochen werden. Die einzelnen Spieler werden sich nur dann auf eine Aufgabe und den damit verbundenen Schwierigkeiten einlassen, wenn sie motiviert dazu sind. Wenn die gesamte Gruppe Spaß hat, sind auch alle Teilnehmer in das Geschehen involviert. Außerdem ist die Aufmerksamkeit höher, die Teilnehmer sind motiviert und verfügen über mehr positive Energien.

Generell gibt es vier Schlüsselelemente für ein erfolgreiches Programm: *Vertrauen, Kommunikation, Kooperation* und *Spaß*.

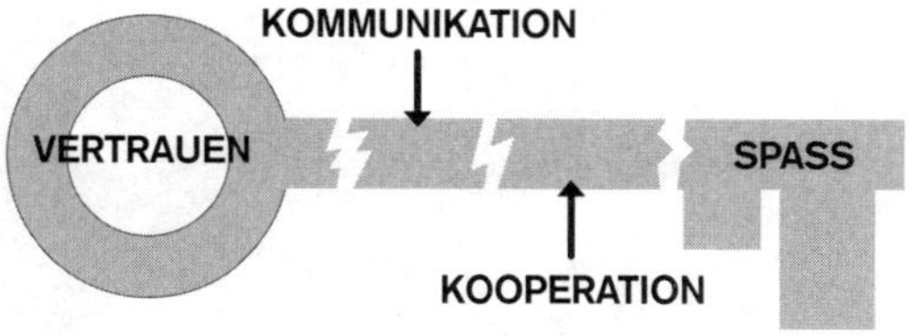

Kooperative Abenteuerspiele lassen sich nicht bis ins letzte Detail steuern und planen. Sie unterliegen einer Dynamik, die es erfordert, dass die Spielleitung sehr flexibel auf die verschiedensten Entwicklungen reagiert. Deshalb kann es durchaus sein, dass es sich bei einem der Spiele um ein Spiel im engeren Sinne handelt. Genauso gut kann es sich aber auch zu einem Lernspiel oder einer pädagogischen Übung entwickeln. Deshalb handelt es sich eher um *»Pädagogische Übungen mit spielerischem Charakter«*. Der pädagogische Zweck wird hervorgehoben, gekoppelt mit wesentlichen Merkmalen des Spiels, wie z.B. die »reale« Spielwelt, die intensive Beteiligung und die Motivation aus der Aktivität selbst.

Kooperative Abenteuerspiele und die darin enthaltenen Problemlösungsaufgaben sind *»ideale Handlungs- und Lernfelder, um die Innenwelt von Interaktion, Kommunikation und Kooperation zu erkunden…«* (Heckmair/Michl 1998, 184). Eine gelungene Spielsequenz Kooperativer Abenteuerspiele basiert dabei auf den gleichen Basistheorien wie andere erlebnispädagogische Einheiten und Aktionen. Sie ist im Vergleich jedoch wesentlich übersichtlicher und auch einfacher umzusetzen als andere Methoden der Erlebnispädagogik, die nur mit speziellen Techniken und in der geeigneten Umgebung durchzuführen sind. Kooperative Abenteuerspiele sind relativ einfach aufgebaut, d.h. sie basieren auf Aufgaben, die ohne spezielles Wissen oder Techniken zu absolvieren sind, und können an fast allen Orten durchgeführt werden. Sie werden deshalb auch als »Abenteuer in Pillenform« bezeichnet (Heckmair/Michl 1998, 183), wobei damit nicht gemeint ist, dass sie deshalb auf die leichte Schulter genommen werden sollten. Es handelt sich nicht um irgendwelche Lückenfüller oder Pausenunterhaltung.

Die Erlebnis-pädagogik

Die Erlebnispädagogik

Die meisten der Initiativübungen und Problemlösungsspiele, die das Kernstück der Kooperativen Abenteuerspiele darstellen, sind in der Erlebnispädagogik entwickelt worden. Die Erlebnispädagogik hat ihren Ursprung in der »Erlebnistherapie« von Kurt Hahn, der zu den Vertretern der Reformpädagogik gehört. Ziel dieser Bewegung war es, die Pädagogik zu »subjektivieren«. »Selbstverwirklichung« und »Entfaltung« stellten die Schlüsselbegriffe dar. Ausgehend von Rousseau wurde der Mensch an sich als gut, im Sinne von rein und unschuldig angesehen. Erst durch Kultur und Erziehung nehme er negative Züge an. Die Anhänger dieser Bewegung wollten die Erziehung reformieren, Erziehung sollte »um des jungen Menschen willen geschehen« (Hermann Nohl). Kurt Hahn vertrat die Auffassung, die Jugend leide unter dem Verfall körperlicher Tauglichkeit, einer fehlenden Selbstinitiative, einer verringerten Geschicklichkeit und Sorgfalt und vor allem an der mangelnden Fähigkeit, Empathie für andere zu entwickeln. Ursachen dieses Verfalls seien die modernen Fortbewegungsmittel, die modernen Kommunikationsmittel, die immer schwächer werdende Tradition des Handwerkertums und die ständige Hast und Eile, die unserer Gesellschaft zu eigen ist. Eine Diagnose, die erstaunlich aktuell geblieben ist, wenn man bedenkt, dass Hahn sie in den dreißiger Jahren aufstellte. Hauptbestandteile seiner Erlebnistherapie waren die Übernahme von Rettungsdiensten, die körperliche Ertüchtigung und die Durchführung von Projekten und Expeditionen.

Die heutige Erlebnispädagogik hat sich seit damals immens weiter und in die verschiedensten Richtungen hin entwickelt. Daher gibt es inzwischen zahlreiche Definitionen von Erlebnispädagogik. Während einige unter Erlebnispädagogik ausschließlich solche Aktionen verstehen, die natursportliche Maßnahmen wie Klettern, Rafting oder Segeln umfassen, ist es auch möglich, diesen Begriff relativ weit zu fassen. Eine solche Definition von Erlebnispädagogik lautet dann wie folgt:

Generell handelt es sich in der Erlebnispädagogik um Aktionen, die von den Teilnehmern als subjektive Herausforderung angesehen werden, diese auf allen Ebenen und Sinnen ansprechen und zusätzlich eine hohe Attraktivität für die Teilnehmer besitzen. Der Reflexion des Erlebten kommt dabei eine besondere Bedeutung zu. Durch die Auseinandersetzung mit dem Erlebten soll versucht werden, Lernprozesse bewußt zu machen. Kurz gesagt ist Erlebnispädagogik «learning by doing combined with reflection» (Priest,/Gass 1997, 136).

Erlebnispädagogik muss nicht gezwungenermaßen mit solch aufwendigen Aktionen wie Segeln oder Klettern verbunden sein, da es für viele Menschen schon eine Herausforderung darstellt, gemeinsam mit anderen über eine hüfthohe Schnur zu gelangen, ohne diese zu berühren, oder mit verbundenen Augen durch den Wald zu gehen. Es handelt sich zwar nicht um natursportliche Aktivitäten, dennoch sind die Spieler ganzheitlich gefordert. Sei es, indem Personen transportiert oder Gegenstände geworfen werden sollen. Die Grundidee bzw. das Konzept bleibt das gleiche.

Drei Leitideen tauchen bei den verschiedensten Auffassungen von Erlebnispädagogik immer wieder auf: *Wachstumsorientierung, Ganzheitlichkeit und Selbstorganisation* (vgl. Gilsdorf 1999). Erlebnispädagogik ist ein Versuch, wachstumsorientiert zu arbeiten. Durch Herausforderungen, Grenzerfahrungen, Problemlösungen und die Betonung zwischenmenschlicher Beziehungen sollten sich die Teilnehmer in ganzheitlicher Weise entfalten und selbst verwirklichen. Das Individuum mit all seinen Fähigkeiten, Ängsten und Ressourcen steht im Mittelpunkt der Arbeit. Doch der eigentliche Lernprozess, die Erweiterung bestehender Kompetenzen, muss hierbei vom Lernenden selbst ausgehen. Die Person soll eigenständig lernen, entscheiden, sich selbst organisieren.

Ein solches Konzept basiert auf Theorien, die aus den verschiedensten Bereichen kommen. Es ist nicht erforderlich, sich mit allen intensiv zu beschäftigen, aber die Kenntnis einiger grundlegenden Theorien kann den Umgang und den Einsatz dieser Spiele bestimmt erleichtern und der Leitung weiterhelfen. Daher werden die zentralsten Theorien und Denkweisen im Folgenden kurz umrissen.

Die Voraussetzungen

»Ich bin immer bereit zu lernen, aber nicht immer, mich belehren zu lassen« (Oscar Wilde)

Eine erlebnispädagogische Aktion sollte dazu führen, Lernprozesse in Gang zu setzen. Doch unter Lernen können die unterschiedlichsten Dinge verstanden werden. Daher ist es notwendig, sich vorab mit diesem Begriff auseinanderzusetzen und näher zu definieren, um was für eine Art von Lernen es sich handelt.

> *»Lernen ist jeder Erfahrungserwerb, d.h. jede Aneignung und Verarbeitung von Informationen, die sich schließlich in einer Veränderung des Erlebens und/oder Verhaltens eines Individuums niederschlägt«(Keller, Josef A./Novak, Felix 1979, 220).*

Dieser Erfahrungserwerb bezieht sich in unserer Gesellschaft primär auf die *kognitive Vermittlung von Wissen,* bestes Beispiel hierfür ist die Schule. Wissensvermittlung bezieht sich einseitig auf die kognitive Ebene, d.h. auf das Denken. Soziale Kompetenzen sowie die Interessen und Wünsche der Lernenden bleiben oft unberücksichtigt oder haben sogar negative Konsequenzen für die Schüler. Wesentliche Erfolge bezüglich eines Verständnisses von Sachzusammenhängen und darauf aufbauenden Verhaltensänderungen oder einer spezifischen Persönlichkeitsbildung finden oft nur als Nebeneffekt statt oder bleiben völlig aus. Dagegen wendet sich das *Konzept des ganzheitlichen Lernens.* Auch dieser Gedanke kommt aus der Reformpädagogik. Der Mensch sollte nicht nur Wissen »übergestülpt« bekommen, sondern für das Leben lernen. Pestalozzi sprach von einem Lernen mit »Kopf, Herz und Hand«. Dieser Ansatz ist

heute noch aktuell, wenn auch meist andere Begrifflichkeiten verwendet werden. Drei Bedingungen müssen jedoch gegeben sein, damit ganzheitliches und sinnhaftes Lernen stattfinden kann:

- eine klar strukturierte Aufgabe,
- die Möglichkeit, bzw. Fähigkeit des Lernenden, die Aufgabe zu lösen,
- die Motivation seitens des Lernenden, die Aufgabe zu lösen.

Diese Erkenntnisse versucht die Erlebnispädagogik umzusetzen. In handlungsorientierter Art und Weise sollen die Teilnehmer sowohl auf der *kognitiven und der emotionalen als auch auf der aktionalen Ebene* angesprochen werden. Um darüber hinaus Lernen zu gewährleisten, bedarf es einer *inneren Motivation des Lernenden* sich auf den Lernprozess einzulassen, oder anders ausgedrückt bedarf es, »eines inneren Berührtsein vom Gegenstand des Lernens« (Gilsdorf 1999, 23).

Dies lässt sich beispielsweise bei dem Spiel »Der Sandsturm« verdeutlichen: Die Gruppe wird auf relativ bekanntem Gelände von einem Ausgangspunkt zu einem bestimmten Ort geführt. Dort bekommen alle Spieler die Augen verbunden und die Gruppe hat die Aufgabe, den gleichen Weg blind zurückzufinden. Zunächst müssen sich alle überlegen, wie sie vorgehen möchten. Die Spieler müssen sich untereinander abstimmen, in welcher Richtung ihres Erachtens nach der richtige Weg ist, sich also kognitiv mit der Aufgabe auseinandersetzen. Zusätzlich kommt es bei solchen Blindspielen häufig zu einer hohen emotionalen Beteiligung der Teilnehmer – der Verzicht auf den wichtigsten Sinn geht mit einer gewissen Verunsicherung einher und kann zum vermehrten Auftreten von Konflikten führen. Und natürlich muss auch der gesamte Körper eingesetzt werden, die Spieler müssen sich den Weg ertasten, sich gegenseitig anfassen und auf mögliche Hindernisse reagieren.

Der Lernprozess

Ausgangspunkt des Lernprozesses innerhalb einer erlebnispädagogischen Einheit ist ein *Zustand des Ungleichgewichts,* in dem sich die Teilnehmer aufgrund der neuartigen und fremden Situation befinden, in der sie mit ungewohnten Problemen konfrontiert werden.

Jeder Mensch verfügt über bestimmte größtenteils unbewusste Abwehrmechanismen, um sich vor seinen eigenen tieferen Sorgen wie Angst, Einsamkeit, Hilflosigkeit u.s.w. zu schützen oder diese zu unterdrücken. Solange sich die Personen in einem Gleichgewichtszustand, der sog. *»Komfortzone«,* befinden, ist es schwierig, Wachstum und Veränderung anzuregen und zu fördern, da die Abwehrmechanismen

sehr stark sind und sich gegen jegliche Erneuerung zur Wehr setzen. Durch ungewohnte und neuartige Aufgaben wird versucht, diese Personen aus ihrer «Komfortzone» zu lösen und sie in einen Zustand des Ungleichgewichtes zu bringen. Die Abwehrmechanismen wirken zwar immer noch, verlieren jedoch an Wirkung und der Mensch ist eher fähig, sich auf etwas Neues einzulassen (vgl. Luckner/Nadler 1992, 11-14). Oder anders ausgedrückt: *»Wachstum und Lernen haben immer etwas mit Risiko zu tun, mit einem Aufbruch ins Unbekannte, Ungewisse, Unvorhersagbare«* (Gilsdorf 1999, 28). Der hier beschriebene Vorgang ist prozesshaft zu verstehen, es handelt sich um ein dynamisches Modell.

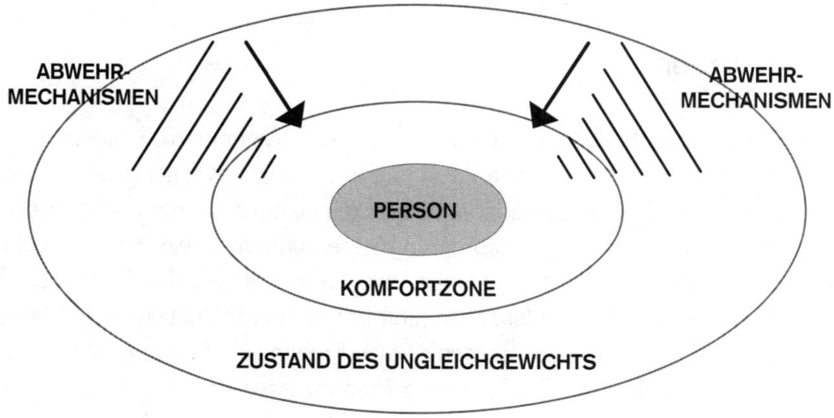

Damit dieser Aufbruch ins Ungewisse zu einem positiven Lernprozess führt, muss eine Atmosphäre geschaffen werden, in der Vertrauen und Kooperation möglich sind. Die Teilnehmer sollten eine positive Resonanz erfahren, wenn sie sich auf etwas Neues einlassen, aus ihrer Perspektive gesehen, ein Risiko eingehen, da sie ansonsten nicht mehr bereit sein werden, sich auf etwas einzulassen. Wichtig ist es, die Erlebnisse und Erfahrungen durch Reflexionen bewusst zu machen damit sie später auf den Alltag transferiert und generalisiert werden können (vgl. Luckner/Nadler 1992, 7-9).

Der Schlüsselbegriff ist hier die Herausforderung, durch die eine Person in einen Ungleichgewichtszustand kommt. *Merkmale einer solchen herausfordernden Situation sind:*

- ihre Neuartigkeit
- ihr Aufforderungscharakter
- ihr Ernstcharakter (vgl. Gilsdorf 1999, 28-30).

Nicht jede erlebnispädagogische Einheit ist demnach eine Herausforderung, sondern es kommt darauf an, wie diese als *Medium* eingesetzt wird, damit sie als subjektiv herausfordernd angesehen werden kann.

Für eine Person, die schon lange hobbymäßig Klettern geht, wird es keine große Herausforderung sein, sich aus einer bestimmten Höhe abzuseilen. Doch ist es für sie u. U. völlig ungewohnt und herausfordernd mit anderen Menschen engeren Körperkontakt zu haben und sich mit einer Gruppe abzustimmen oder andere Meinungen zu akzeptieren. »Platz ist in der kleinsten Hütte« könnte demnach eine Herausforderung darstellen. Bei diesem Spiel geht es darum, dass die gesamte Gruppe auf möglichst kleinem Raum Platz findet und sich dabei immer mehr steigert, da der Platz immer geringer wird.

Die Motivation

Nach der oben beschriebenen Theorie müssen die Teilnehmer sich in einer für sie neuartigen Situation befinden, in einen Zustand des Ungleichgewichts gebracht werden. Ein zentraler Begriff der Erlebnispädagogik ist die Herausforderung. Aber wieso sollten die Teilnehmer sich dieser Herausforderung stellen und damit ein Risiko eingehen? Es war schon von einem Aufforderungscharakter und von intrinsischer Motivation die Rede. Wann und wieso sind Menschen motiviert, sich auf Situationen einzulassen, die subjektiv als riskant angesehen werden? Diese Fragen sind für die Erlebnispädagogik von besonderer Bedeutung. Ein fundiertes Theoriewissen und eine genaue Kenntnis der Gruppe und Teilnehmer kann der Leitung helfen, Herausforderungen zu konstruieren, die diesen Aufforderungscharakter beinhalten.

Der Mensch wird bestimmt durch ein Streben nach Sicherheit und Geborgenheit und gleichzeitig durch den Wunsch nach Wachstum und Veränderung. Neben der Tendenz, sich innerhalb eines sicheren Bereiches aufzuhalten, in dem man souverän handelt, strebt jeder Mensch nach einem gewissen Grad an Aktivierung. Da nun jeder Mensch auch danach strebt, eine möglichst gute Leistung zu erbringen, suchen alle Menschen bewusst Situationen und Aufgaben, die zu dem Stadium der optimalen Stimulation führen, da bei einer angemessenen Stimulation die Leistungsfähigkeit am höchsten ist. Dieses Stadium kann je nach Person sehr unterschiedlich gelagert sein (vgl. Priest/Gass 1997, 42-43). Je nach Art der Aufgabe bzw. der Situation kann es aber auch zu einer Unter- oder Überforderung kommen und die Leistungsfähigkeit nimmt ab.

Zu einer ähnlichen Theorie gelangt auch *Csikszentmihalyi.* Seiner Meinung nach gibt es Momente jenseits von Angst und Langeweile. Diese Erlebnisse beschreibt er mit dem Begriff *»Flow«*. Es kommt *»zu einer Verschmelzung von Handlung und Bewußtsein, die Gedanken beschäftigen sich mit dem, was man tut, und man tut, was man denkt«* (Gilsdorf 1999, 33). Die Person verliert jegliches Gefühl für Zeit, ist völlig eins mit sich selbst und in der Lage, die eigenen Grenzen zu überschreiten, Außergewöhnliches zu tun. Die betreffenden Personen erleben ein gesteigertes Lebensgefühl. Dies ist der Idealfall bei einer erlebnispädagogischen Einheit, auf den hingearbeitet werden sollte, der aber nicht immer erreicht werden kann. Eine Aktion muss jedoch folgende Bedingungen beinhalten, damit ein Flow-Erlebnis erfahrbar sein kann:

- freiwillige Teilnahme
- aktive Beteiligung der Teilnehmer
- Zentrierung der Aufmerksamkeit der Teilnehmer
- Gefühl der Kompetenz und Kontrolle seitens der Teilnehmer
- Klarheit der Ziele
- ein von den Teilnehmern empfundenes Gefühl von Risiko
- Möglichkeit der direkten Rückmeldung.

Aber auch hier ist das Flow-Erlebnis abhängig von der Möglichkeit und der Fähigkeit des Handelns. Wenn die Anforderungen den Möglichkeiten der Teilnehmer entsprechen, ist ein Flow-Erlebnis möglich. Bei einem Ungleichgewicht von Anforderungen und Fähigkeiten kommt es entweder zu Angst oder zu Langeweile. (vgl. Priest/Gass 1997, 43-44 und Gilsdorf 1999, 33).

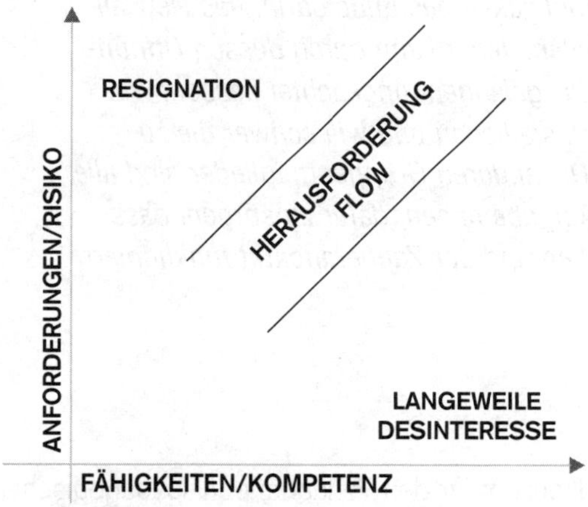

Zusammenfassend läßt sich also Folgendes sagen: Entscheidend ist die *individuell unterschiedliche Perspektive,* die abhängig ist von der *eigenen Kompetenz* und dem antizipierten Risiko der Situation. Unter Risiko wird das Potenzial verstanden, etwas zu verlieren, das einen Wert besitzt. Kompetenz meint die Fähigkeit, mit einer Aufgabe und Situation sinnvoll und effektiv umzugehen. Für die Erlebnispädagogik bedeutet dies, dass die Maßnahmen idealerweise so konstruiert sind, dass jede Person die Möglichkeit hat, aus einer Bandbreite an Möglichkeiten für sich selbst die individuelle Herausforderung auszuwählen. Aus diesen Überlegungen heraus hat die Gruppe »Project Adventure« das Prinzip des *»Challenge by Choice«,* der selbst gewählten Herausforderung, geprägt. Jeder Teilnehmer sollte die Möglichkeit besitzen, sich auf etwas Neues einzulassen, die eigenen Grenzen deutlicher zu erleben. Dies kann und darf nicht die Gruppe oder die Spielleitung übernehmen; wichtig ist hier die Bedeutung der bewussten eigenen Entscheidung.

Das Spinnennetz bietet den Teilnehmern ein breites Spektrum an Möglichkeiten an. Eine der unteren Öffnungen wird einfacher zu benutzen sein als die oberen. Hinzu kommt die unterschiedliche Größe der verschiedenen Löcher. Idealerweise sollten die einzelnen Spieler selbst die Möglichkeit haben, eine Öffnung zu wählen, die sie durchsteigen möchten. In der Praxis ordnet die Gruppe jedoch meist jedem Mitglied einen Durchstieg zu, der dessen Statur und Gewicht entspricht. Sicherlich ganz anders - und nicht weniger spannend würde das Spiel verlaufen, wenn sich die Gruppe bei ihren Entscheidungen nicht von den Prinzipien der Ökonomie und Effektivität leiten ließe. Hätten alle Teilnehmer wirklich die freie Entscheidung über die Wahl des Durchstiegs, könnten sie damit auch Rollen übernehmen, für die sie auf den ersten Blick nicht prädestiniert erscheinen. Eine Möglichkeit bestünde darin, das Netz als einen Zauberapparat vorzustellen: Jeder kann durch dessen Öffnungen an seinen gewünschten Ort gelangen, ungeachtet dessen, wie groß diese sind, wie weit oben sie liegen und wie schwer die zu transportierende Person ist. Die anderen Gruppenmitglieder sind alle Zauberlehrlinge, welche die Aufgabe haben, dafür zu sorgen, dass alle Wünsche in Erfüllung gehen und der Zauberapparat funktioniert.

Der Verlauf

Ein allgemeines Grundkonzept für den Verlauf erlebnispädagogischer Aktionen ist die »Adventure Wave«, die Abenteuerwelle. Dabei wird der Verlauf wellenartig dargestellt. Die Elemente Vorbereitung, Aktivität und Nachbereitung wiederholen sich immer wieder und lösen sich gegenseitig ab. Grundlage dieser Welle ist ein Fundament, welches bestimmte Vorraussetzungen beinhaltet sowie Fragen und Aufgaben, die es im Vorfeld zu klären und immer wieder zu überprüfen gilt. Zu diesem Fundament gehört:

- ein fundiertes Theoriewissen über die Hintergründe von Erlebnispädagogik,
- eine Zielrahmendefinition darüber, was mit der Maßnahme erreicht werden soll,
- ein spezifisches Konzept, das mit den Zielen und Möglichkeiten der jeweiligen Institution kongruent ist,
- eine kompetente Leitung, die über eine reflektierte Handlungskompetenz verfügt,
- ein ressourcenorientiertes Programm, in dem alle Möglichkeiten und zur Verfügung stehenden Gegebenheiten einbezogen und genutzt werden können,
- ein spezifisches Wissen und Kennen der aktuellen Gruppe und ihren Eigenheiten.

(vgl. Schoel u.a. 1988, 30-63)

Aufbauend auf dieses Fundament findet die eigentliche Einheit statt, wobei dieser Aufbau prozesshaft zu verstehen und immer wieder neu anzugleichen ist. Es kann z.B. sein, dass aufgrund eines unerwarteten Kursverlaufs die Zielrahmendefinition neu formuliert werden muss, oder die Erwartungshaltungen der Teilnehmer nicht mit denen der Leitung überein stimmen.

Die erlebnispädagogische Aktion selbst besteht aus einem Wechselspiel von Instruktion, Aktivität und Reflexion. Die Aktivität stellt den Mittelpunkt dar, der in der Reflexionsphase ausgewertet wird. Diese Reflexion bedingt dann die darauffolgende Aktivitätsauswahl und die Art der Instruktion.

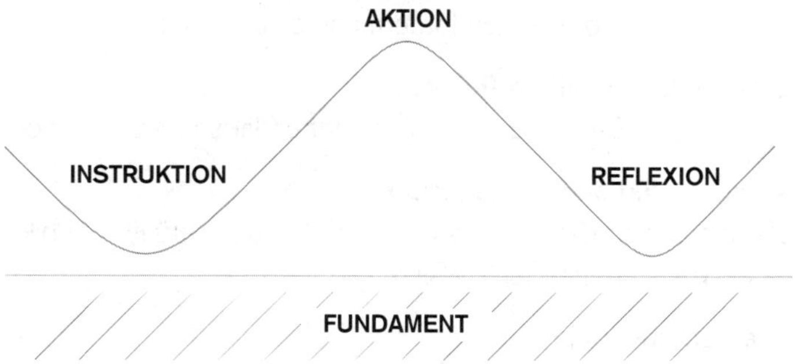

Um es mit dem Bild der Welle zu beschreiben: es gibt keinen Bruch zwischen dem Wellental und der nächsten Welle, sondern die Kraft und der Schwung der letzten Welle fließen in die darauffolgende ein. Anhand dieses Konzeptes wird auch die Bedeutung von Ruhephasen deutlich. Es geht nicht darum eine Aktivität nach der anderen durchzuführen, sondern die Auseinandersetzung mit den gemachten Erfahrungen ist von grundlegender Bedeutung, um eine pädagogische Wirkung zu erzielen.

Zusammenfassung

Diese in Grundzügen dargestellten Theorien über die Art des Lernens, des Lernprozesses, der individuellen Motivation und dem Konzept über den Verlauf einer Maßnahme, bilden die Basis eines handlungstheoretischen Ansatzes der Erlebnispädagogik.

Es gibt mehrere Grundprinzipien die erfahrungsorientiertem Lernen zugrunde liegen. Sie fassen die vorab erläuterten Theorien zusammen:

1. **Gezielte und zweckgerichtete Erfahrungen**
   Damit ist die Verbindung von Lernen und Erlebnis gemeint. Je enger diese Verknüpfung, desto intensiver ist der Lernprozess.

2. **Angemessene Herausforderung**
   Es muss eine angemessene Herausforderung für die Teilnehmer bestehen, die ein gewisses subjektives Risiko beinhaltet.

3. **Natürliche Konsequenzen**
   Das Verhalten muss an Konsequenzen gebunden sein. Je mehr diese Konsequenzen ohne Umweg über den oder die Pädagogen aus der Aktion selbst hervorgehen, um so besser.

4. **Teilnehmerzentrierter Prozess**
   Das Lernen geht vom Teilnehmer aus, ist selbst gewollt und gesteuert. Aufgabe der Leitung ist es, den Lernprozess zu fördern und zu unterstützen.

5. **Gegenwärtige und zukünftige Relevanz**
   Die Maßnahme sollte Bezug zum Alltag der betreffenden Person haben.

6. **Wechselspiel von Aktion und Reflexion**
   Durch Reflexionen wird der Lernprozess gefördert und vertieft. Sie bilden die Grundlage für Transfer und Generalisierung.

7. **Persönliche Verantwortung**
   Die Teilnehmer sind für ihr Verhalten selbst verantwortlich.

8. **Aktive Teilnahme**
   Die Teilnehmer sind aktiv am Kursgeschehen beteiligt. Es handelt sich um einen von den Teilnehmern mitbestimmten Prozess.

(vgl. Priest/Gass 1997, 137)

Kooperative Abenteuerspiele erfüllen alle diese Bedingungen. Der einzige Unterschied oder Nachteil ist die unterschiedliche Art der Konsequenzen. Es handelt sich nicht um natürliche Konsequenzen, die für die pädagogische Arbeit von besonderer Bedeutung sind, da sie wertneutral sind, d.h. naturgemäße Abläufe, Phänomene, welche die Person selbst interpretiert, die aber auch ohne ihr Handeln existieren würden. Die Natur folgt ihrem Verlauf, ohne sich direkt auf das Verhalten einer Personengruppe zu beziehen. Der Bezug geht höchstens von den Menschen aus.

Ein wunderschöner Sonnenuntergang als Belohnung für die Anstrengungen des Tages sähe genauso aus, wenn es keine Anstrengungen gegeben hätte. Man würde ihn vielleicht nur nicht als so wunderschön bewerten!

Die Konsequenzen der Kooperativen Abenteuerspiele sind anders geartet. Jeder Spieler verhält sich auf eine bestimmte Art und Weise. Dieses Verhalten wird von den anderen gedeutet und entsprechend wird darauf reagiert. Die Teilnehmer erfahren so Konsequenzen aus der Gruppe. Die Spielleitung hält sich während des Spiels zurück und lässt die Gruppe agieren. Aufgrund dieser »Nichteinmischung« der Spielleitung entsteht so ein wechselseitig abhängiger Kreislauf, der eine Art Äquivalent zum Konzept der natürlichen Konsequenzen bildet. Die Konsequenzen sind aber nicht unabhängig von den Teilnehmern, sondern befinden sich auf der interpersonalen Ebene und sind dadurch nicht wertfrei.

Eine Person verursacht durch ihr Verhalten zum wiederholten Male das Scheitern der Gruppe. Natürlich wird diese Person von den anderen Spielern eine Konsequenz erfahren. Aber sie hat immer die Möglichkeit, das beispielsweise rüde Verhalten der Anderen in dem Sinne zu interpretieren, dass diese sie nicht leiden können. Sie muss es daher nicht unbedingt auf das eigene Verhalten beziehen. Dennoch handelt es sich um Konsequenzen, die durchaus dem Spiel den für die Erlebnispädagogik wichtigen Ernstcharakter verleihen, weil alle Menschen danach streben, geachtet und anerkannt zu werden.

Einfluss-faktoren auf Kooperative Abenteuerspiele

Einflussfaktoren auf Kooperative Abenteuerspiele

Abgesehen von der Gruppe und den Teilnehmern, auf die später noch ausführlich eingegangen wird, entstehen zu Beginn einer Spielplanung auch eine Menge grundsätzlicher Fragen bezüglich der rahmenbedingten Möglichkeiten: Wo kann ich was spielen? Wieviel Zeit habe ich zur Verfügung? Wieviel Zeit brauche ich mindestens? Welches Material benötige ich? Viele stehen außerhalb des Einflussbereiches und doch ist es wichtig, sich vorab Gedanken zu machen über mögliche positive und negative Einflüsse der Rahmenbedingungen. Die zentralen Fragen beziehen sich hierbei auf den Ort, die Zeit und das Material, das ich zur Verfügung habe bzw. benötige.

Ort

Bei den meisten Kooperativen Abenteuerspielen handelt es sich um Aktivitäten, die mit Bewegung zusammenhängen. Die Spielfläche sollte deshalb idealerweise einen möglichst großen *Bewegungsspielraum* zulassen. Ein Außengelände sollte jedoch nicht zu weitläufig sein, da ansonsten die Gefahr besteht, dass sich die Spielaktivität verläuft (bei Fangspielen passiert dies häufig). Ein weiterer Vorteil einer *begrenzten Fläche* ist die intensivere Dynamik innerhalb der Gruppe. Bei einer sehr weiträumigen Spielfläche ist es weitaus schwieriger, eine solche Atmosphäre aufzubauen, da die Spannungen in der Gruppe sich nicht auf den Ort des Geschehens konzentrieren müssen. Der Spielort sollte zusätzlich ein breites Spektrum an Variationsmöglichkeiten bieten. Besonders geeignet sind deshalb z.B. Turnhallen, Spielplätze oder Wiesen am Waldrand. Viele Spiele lassen sich im Schwierigkeitsgrad besonders durch die Ortswahl verändern.

Es macht einen großen Unterschied, ob ich das Spiel »Der Sandsturm« auf einer ebenen Wiese oder in einem Wald mit vielen Bäumen, Gestrüpp u.s.w. spiele.

Bezüglich der Platzwahl ist es auch entscheidend, dass *die Gruppe sich alleine an dem Spielort aufhält.* Viele Spiele erfordern Handlungsmuster der Teilnehmer, die für diese neuartig und ungewohnt sind. Damit die Spieler dazu bereit und in der Lage sind, ist es wichtig, dass eine *Atmosphäre* des Vertrauens und der Sicherheit geschaffen wird. Dies ist besonders während der Anfangsphase erschwert, wenn sich Personen, die nicht zu der Gruppe gehören, am gleichen Ort befinden. Durch die Anwesenheit von Fremdpersonen steigt die Hemmschwelle der Teilnehmer frei zu spielen (dies ist besonders bei Jugendlichen und Erwachsenen der Fall).

Weiterhin sollte es sich um einen *ruhigen Ort* handeln. Es muss gewährleistet sein, dass die gesamte Gruppe die Spielinstruktion akustisch verstehen kann. Speziell bei relativ großen Gruppen ist dies ein wichtiger Faktor. Bei Blind-, Wahrnehmungs-, Vertrauensspielen und in den Reflexionsrunden ist es wichtig, dass die Aktivität nicht durch Fremdgeräusche wie Straßenlärm, etc. gestört wird. Die Zentrierung der Spieler auf das »Hier und Jetzt« ist entscheidend und kann durch ablenkende Reize, wie z.B. Lärm leicht behindert werden.

Spiele wie der »Sandsturm« sind besonders abhängig von Ruhe, da auftretende Nebengeräusche mögliche Orientierungspunkte für die Gruppe bieten und den Spielverlauf beeinflussen können.

Bei dem Spielort sollte es sich idealerweise um einen nicht alltäglichen Ort handeln, sodass die Teilnehmer *keine negative Assoziationen* mit diesem verbinden. Deshalb sind z.B. Klassenräume oft ungünstig, da die Spieler mit diesen Räumen leider häufig schon ein bestimmtes Verhalten verbinden und es dadurch schwieriger ist sich auf neue Aktivitäten einzulassen.

Die *Sicherheit* spielt bei der Auswahl des Spielortes ebenfalls eine wichtige Rolle. Viele Spiele erfordern es, dass die Teilnehmer sich in riskante Situationen begeben, sich gegenseitig stützen, halten oder in die Höhe stemmen. *»Aber so abenteuerlich es dabei auch zugeht, der Aspekt der Sicherheit der Teilnehmer hat immer Priorität«* (Gilsdorf/Kistner 1995, 24). Deshalb ist darauf zu achten, dass der Untergrund durch Matten oder Decken ausgelegt werden kann, bzw. von gefährlichen Gegenständen gesäubert wurde, scharfe Ecken und Kanten abgepolstert werden bzw. auf andere Art und Weise die Sicherheit der Spieler gewährleistet ist. Weiterhin muss im Falle eines Unfalles die Möglichkeit bestehen, Erste Hilfe zu leisten (Erster–Hilfe–Koffer vor Ort), Hilfe zu holen und die betreffende Person zu bergen. Dies gilt auch und besonders für Spielorte in der freien Natur.

Falls es sich um einen Ort in der freien Natur handelt, ist es Aufgabe der Spielleitung, dafür zu sorgen, dass die Auswirkungen des Aufenthalts auf die Natur so gering wie möglich gehalten werden. Dazu gehört u.a., dass sämtliche Materialien wieder mitgenommen und fachgerecht entsorgt werden, keine frischen Äste und Zweige abgebrochen werden und Zigarettenreste aufgesammelt werden.

Durch eine kreative Gestaltung bzw. gezielte Auswahl der Räumlichkeiten kann der Spielverlauf bewusst beeinflusst werden. Diese Chance sollte sich die Spielleitung nicht entgehen lassen und den Spielort dementsprechend auswählen.

Merkmal eines idealen Spielortes:

Fläche:	Freie, abgegrenzte Fläche, mit vielen Variationsmöglichkeiten
Größe:	Genügend großer Bewegungsspielraum
Geräuschkulisse:	Ruhiger Ort, ohne störende Fremdgeräusche. Möglichkeit, selber laut zu sein
Platzierung:	Abgeschiedener Ort, ohne fremde Personen
Gestaltung	Phantasievolle und angenehme Ausschmückung des Ortes, die die Spiele und/oder die Rahmengeschichte unterstützt
Assoziationen:	Nicht alltäglicher bzw. zweckentfremdeter Raum mit geringen ablenkenden Reizen
Sicherheit:	Überprüfung des Raumes/Untergrundes auf gefährliche Gegenstände Boden, Kanten, Ecken gegebenenfalls abpolstern, Möglichkeit von Hilfsmaßnahmen (Telefon, Zugangsmöglichkeiten etc.)

Zeit

Die einzelnen Spiele haben durchschnittlich eine Dauer von 20-30 Minuten. Einige dauern nur wenige Minuten, andere wiederum können sich über mehrere Stunden erstrecken. Generell handelt es sich jedoch um überschaubare und zeitlich begrenzte Aktionen. Um eine pädagogisch sinnvolle Aktion durchführen zu können bedarf es jedoch in der Regel eine Zeit von *mindestens eineinhalb Stunden.* Dabei ist zu bedenken, dass zwischen den einzelnen Spielen immer die Möglichkeit bestehen sollte, kurze Auswertungsrunden durchzuführen und, dass am Ende einer Spieleinheit eine Reflexion eingeplant wird. Durch Zeitdruck fühlen sich viele Menschen gehemmt oder schrecken vor komplexen Themen zurück. Damit dies nicht passiert ist oft der Grundsatz praktisch: *Weniger kann mehr sein!*

Eine *zeitliche Begrenzung* kann für einzelne Spiele einen erhöhten Schwierigkeitsgrad darstellen. Durch die Einführung einer Zeitmessung wird ein Wettkampfcharakter aufgebaut, ohne das kooperative Merkmal des Spiels zu zerstören. Die gesamte Gruppe befindet sich im Wettstreit mit der Zeit, z.B. wie kann die bestehende Zeit noch verbessert werden u.s.w. Eine Gruppe verhält sich ganz anders, wenn sie zur Lösung nur eine bestimmte Zeit zur Verfügung hat. Die Zeitmessung kann zwar für die Gruppe einen Stressfaktor darstellen, ihr aber auch einen hilfreichen Rahmen bieten, innerhalb dessen sie sich auf die bestehende Aufgabe zentrieren muss.

Von Bedeutung ist auch der *Zeitpunkt* der Spieleinheit. Eine Spieleinheit direkt nach dem Aufstehen muss anders aufgebaut sein als eine Sequenz am Abend, nach einem anstrengenden Tag. Während morgens ein größeres Gewicht auf die Aufwärmphase gelegt werden muss, eignen sich für abends oft ruhigere, besinnliche Spiele. Nach einer Mahlzeit ist es schwieriger, ein sehr bewegungsintensives Spiel durchzuführen, als vor dem Essen.

Material

Eine Vielzahl Kooperativer Abenteuerspiele sind ohne bestimmte Utensilien durchführbar, aber auf die Dauer werden doch einige Materialien benötigt, um aufwendigere Spiele spielen zu können. Im Allgemeinen haben sich folgende Materialien bewährt, um eine möglichst große Vielzahl von Spielen durchführen zu können:

- Spielseile
- Augenbinden
- Bälle (Softbälle, Tennisbälle, Wasserball)
- Luftballons
- Gymnastikreifen
- Eimer
- Schreibmaterial
- Witzige Spielutensilien (Gummihuhn, Quitsch–Enten etc.)
- Bretter und Balken
- stabile Kisten
- Kletterutensilien (Seile, Gurte, Karabiner und Schlingen)
- Verkleidungskiste
- Dekorationsmaterial
- Decken und Tücher

Der Einsatz von Spielmaterialien hat einen nicht zu unterschätzenden Einfluss auf das Spiel. Durch eine Veränderung der Spielmaterialien kann sich das ganze Spiel verändern. Sie können sich ungemein positiv auf das Spiel auswirken, indem sie die Spielfreude erhöhen, die Aufmerksamkeit der Gruppe auf sich ziehen und die Motivation der Spieler steigern.

In der Anfangsphase einer Gruppe eignen sich kuriose, witzige Spielmaterialien besonders gut. Durch diese kann die Aufmerksamkeit der Teilnehmer von der Gruppe und der Situation auf einen Gegenstand zentriert werden und Spannungen können sich lösen.

Ein gutes Warm-up ist das Spiel »Gruppenjonglage«. Die Gruppe steht im Kreis und wirft einen Gegenstand in einer vorher festgelegten Reihenfolge hin und her. Während des Spielverlaufs kommen immer mehr Gegenstände ins Spiel und die Gruppe hat die Aufgabe, soviele wie möglich in der Luft zu halten. Wenn dieses Spiel mit Tennisbällen gespielt wird, handelt es sich eher um eine Gruppenübung als ein Warm-up und die Werf- und Fangfähigkeiten der Spieler stehen im Mittelpunkt. Handelt es sich bei den Gegenständen dagegen um ein Gummihuhn, eine Sprechpuppe, Jonglierbälle etc., sind diese Mittelpunkt des Spieles, es geht nicht mehr so sehr um die Fähigkeiten der Teilnehmer, sondern um den Spaß den es machen kann, mit Gummihühnern zu werfen.

Doch der Einsatz von Spielmaterialien kann sich auch negativ auf den Spielverlauf auswirken.

Seile, Karabiner und Klettergurte z. B. wecken bei den meisten Jugendlichen die Motivation, sich auf das Spiel einzulassen. Die Materialien besitzen schon den Hauch von Abenteuer für die Teilnehmer. Für manche Erwachsene können solche Gegenstände dagegen bereits abschreckend wirken. Die Angst vor der bevorstehenden Aktion wird gesteigert, und die Teilnehmer sind durch das subjektive Gefühl der Angst blockiert.

Während die Aufmerksamkeitszentrierung auf einen Gegenstand außerhalb der Gruppe in der Anfangsphase positiv ist, kann sie den weiteren Verlauf der Maßnahme auch behindern. Dadurch dass die ganze Gruppe ihre Aufmerksamkeit auf bestimmte Spielmaterialien gerichtet hat, entgeht es den Teilnehmern schnell, dass sich einzelne aus der Gruppe unsicher fühlen, Probleme haben oder dass sich Spannungen innerhalb der Gruppe aufbauen. Ist die Gruppe im fortgeschrittenen Verlauf der Sequenz gerade mit der Lösung einer Aufgabe beschäftigt, die einzelne Spieler an ihre Grenzen führt, behindern Spielmaterialien wie beispielsweise ein Gummihuhn die Aufgabe, da sie dadurch eine unbeabsichtigte Komik erhält, die der aktuellen Gefühlslage der Teilnehmer völlig widerspricht.

Genauso kann es bei Gegenständen sein, die den Spielern schon bekannt sind. Ein Volleyball beispielsweise weckt die Assoziationen der Spieler. Jede Person weiß, was mit einem Volleyball gemacht wird und wird diesen wahrscheinlich auch so verwenden, selbst wenn dieses Verhalten nicht spielförderlich ist. Das Spiel »Die Gruppenjonglage« wird durch einen Volleyball völlig verändert, da es bestimmt einige Spieler gibt, die diesen nicht fangen und wieder werfen werden, sondern versuchen den Volleyball zu pritschen oder zu baggern.

Auch in Spielmomenten, in denen die Spieler nicht auf vorhandene Verhaltensweisen zurückgreifen können und sich in einer subjektiven Stressituation befinden, kann ein bekannter Gegenstand den Spielverlauf entscheidend stören, da die Spieler sich durch diesen von der eigentlichen Aufgabe ablenken lassen, um der unsicheren und ungewohnten Situation auszuweichen. Während der Planungsphase oder einer Besprechung zu einer schwierigen herausfordernden Aufgabe können sich einzelne Spieler dieser Situation entziehen, indem sie anfangen Volleyball zu spielen und so dem gestellten Problem aus dem Weg gehen. Die Barriere, sich mit der gestellten Aufgabe zu befassen wird größer. Deshalb ist es wichtig, darauf zu achten, dass Gegenstände verwendet werden, die eher ungewöhnlich oder jedenfalls nicht alltäglich sind.

Auch bei den Spielmaterialien ist auf den *Aspekt der Sicherheit* zu achten. Wurfgegenstände sollten so ausgesucht werden, dass niemand verletzt werden kann. Wenn mit Holzmaterialien gespielt wird, müssen diese zuvor auf Nägel und Splitter kontrolliert und gegebenenfalls muss das Holz abgeschliffen werden. Bei dem Umgang mit Kletterutensilien müssen diese alle geltenden Sicherheitsstandards erfüllen.

Ein weiterer Punkt bei der Auswahl von Spielmaterialien ist die Umweltverträglichkeit. Auf Einwegartikel wie Klebeband, Pappteller und sonstiges sollte möglichst verzichtet werden. Besser ist ein Bestand an Materialien, der immer wieder eingesetzt werden kann.

Die Gruppe

Die Gruppe

Der wichtigste Faktor bei der Arbeit mit Kooperativen Abenteuerspielen ist natürlich die Gruppe selbst, mit der gespielt wird. Das gleiche Spiel wird von verschiedenen Gruppen anders gespielt, alle Gruppen sind voneinander verschieden und beeinflussen den Spielverlauf anders. So ist oft schon die An- bzw. Abwesenheit einer bestimmten Person innerhalb einer Gruppe wesentlich für den Spielverlauf.

Beispielsweise das »Spinnennetz« ist für eine Gruppe mit einigen übergewichtigen Personen ungleich schwieriger als für eine Gruppe von Sportlern.

Gruppen, die sich untereinander schon länger kennen haben weniger Probleme bei Spielen wie »Platz ist in der kleinsten Hütte«, da sie i. d. R. weniger Scheu vor Körperkontakt besitzen als eine Gruppe neu zusammengewürfelter Leute.

Deshalb ist es wichtig, sich vorab Gedanken über die Gruppe zu machen und sich mit dieser auseinanderzusetzen. Eine Spieleinheit sollte so konstruiert sein, dass sie möglichst genau den Bedürfnissen der Gruppenmitglieder entspricht. Dabei sind eine Reihe unterschiedlicher Faktoren wichtig. Die markantesten davon sind die Größe der Gruppe und das Alter ihrer Mitglieder. Aber auch deren Zielsetzung ist natürlich von wesentlicher Bedeutung, sowie ihre Zusammenstellung, die Struktur und die aktuelle Phase, in der sich die Gruppe befindet.

Die Gruppengröße

Ein entscheidendes Charakteristikum einer Gruppe ist ihre Größe. Anhand der Größe kann die Spielleitung schon eine erste Selektion möglicher Spiele vornehmen. Die ideale Gruppengröße für Kooperative Abenteuerspiele liegt bei *10-16 Personen.* Es gibt auch Spiele, die mit zwei Personen gespielt werden können, diese sind aber die Ausnahme. Ebenso Spiele, die mit mehr als 25 bis 30 Personen gespielt werden können. Bei einer Gruppengröße von 10-16 Personen besteht ein ideales *Gleichgewicht zwischen Individualität und Soziabilität.* Jede Person hat die Möglichkeit und Notwendigkeit, sich als Individuum einzubringen, ist jedoch auch mit einer Gruppe konfrontiert, die über genügend Druck und Stärke verfügt, sodass sich die einzelnen Mitglieder im entsprechenden Maße anpassen müssen. Die Gruppe verfügt über genügend Reibungspotenzial das thematisiert werden kann, ohne dass einzelne Teilnehmer übergangen oder ignoriert werden. Gleichzeitig ist eine Gruppe von 10-16 Personen groß genug, um einen Gruppendruck zu entwickeln, der es den Spielern ermöglicht, über sich hinaus zu gehen, Erfahrungen zu sammeln, neue Verhaltensmuster auszuprobieren und sie zwingt, sich mit der Gruppe auseinanderzusetzen.

Bei kleineren Gruppen wird die Durchführung schwieriger bzw. nicht so ergiebig aufgrund des Spielaufbaus, der Spielspannung und der Spielfreude. In Gruppen unter acht Personen entsteht im Allgemeinen zu wenig Spannung und Freude, die Spiele bleiben unter ihren potentiellen Möglichkeiten. In Gruppen über dreißig Personen ist es äußerst schwierig, alle Spieler auf das Geschehen zu zentrieren. Es ist zwar möglich, aber sehr schwer, eine Einheit länger als eineinhalb Stunden durchzuführen. Außer Spaß können realistischerweise kaum andere Ziele angestrebt werden, da nicht die Möglichkeit besteht, sich mit den Erfahrungen und Erlebnissen die in der Spieleinheit entstanden sind, auseinanderzusetzen.

Das Alter der Gruppenmitglieder

Auch das Alter der Gruppenmitglieder ist für die Durchführung Kooperativer Abenteuerspiele von Bedeutung. Ein Richtwert für die untere Grenze liegt bei einem Alter von zehn bis zwölf, bei manchen Spielen auch bei acht Jahren. Falls mit jüngeren Kindern kooperative Abenteuerspiele durchgeführt werden, müssen sie dem Niveau der Gruppe angepasst werden. Komplexe Spiele lassen sich z. B. meist vereinfachen. Die Hauptzielgruppe Kooperativer Abenteuerspiele sind jedoch *Jugendliche ab vierzehn Jahren*, wobei auch alle Spiele mit *Erwachsenen* gespielt werden können.

Sowohl bei Jugendlichen als auch bei Erwachsenen ist auf bestimmte Persönlichkeitsmerkmale zu achten, die den Spielverlauf verändern können. Jugendliche befinden sich entwicklungsbedingt in einer schwierigen Phase. Einerseits sind sie keine Kinder mehr, andererseits sind sie aber auch noch nicht erwachsen. Vielen Jugendlichen fällt es deshalb schwer, ein ungezwungenes Verhalten zu zeigen, da immer die Überlegungen aufkommt, ob dies jetzt angemessen ist. Hier muss die Spielleitung dementsprechend reagieren und beispielsweise auf Spiele verzichten, die besonders kindisch wirken können. Bei Jugendlichen kann es aufgrund der pubertären Phase bei Spielen, die Körperkontakt erfordern, oder bei denen es darum geht, sich albern zu verhalten, bzw. nicht den alltäglichen Rollenerwartungen zu entsprechen, oft zu Hemmungen kommen. Aufgabe der Spielleitung ist es diesbezüglich, zu versuchen, eine Atmosphäre der Sicherheit und des Vertrauens anzuregen, sodass sich die Jugendlichen freier verhalten und ihre Alltagsrollen teilweise ablegen können. Wichtig ist hier die Akzeptanz des Spielleiters gegenüber den Teilnehmern. Es geht darum, diesen zu vermitteln, dass sie respektiert werden und es nicht darum geht sie zu bewerten oder zu beurteilen.

Erwachsene erwarten dagegen häufig eine Begründung, warum ein Spiel durchgeführt werden soll. Viele Erwachsene hegen eine Abneigung gegen das gemeinsame Spiel und sind unfähig sich auf diese Situation einzulassen. In diesem Fall wäre eine Möglichkeit für die Spielleitung, über bestimmte anerkannte Spiele wie z. B. Boulè oder Dart das Interesse am Spiel zu wecken und durch einfache Variationen die Gruppe auf komplexere gemeinsame Spiele vorzubereiten. Besonders bei Erwachsenen empfehlen sich zunächst Spiele, die nicht sehr bewegungsintensiv sind und bei denen die Spieler in kleinere Gruppen eingeteilt werden. Dadurch, dass viele Erwachsene es leider verlernt haben zu spielen, sollten die Spielregeln am Anfang besonders eindeutig und das Spiel selbst sehr stark strukturiert sein. *»Bei Erwachsenen ist das Fingerspitzengefühl des Spielleiters besonders gefragt. Nur damit läßt sich der »Spielraum« jedes Spielers Stück um Stück erweitern«* (Fritz 1986, 63).

Ziel und Zweck der Gruppe

Kooperative Abenteuerspiele sind nur ein Medium, eine Methode, und dienen dementsprechend nicht einem Selbstzweck, sondern sind hinsichtlich eines vorher definierten Zielrahmens einzusetzen. Der Begriff Zielrahmen wurde hierbei bewusst gewählt um einen gewissen Rahmen abzustecken wie sich ein Spiel wahrscheinlich entwickeln wird, denn es ist unmöglich das Ergebnis einer Spieleinheit im Sinne einer präzisen Zieldefinition vorherzusagen. Natürlich lassen sich die Spiele bezüglich bestimmter Themenbereiche sinnvoll anwenden, doch sollte sich die Spielleitung im Klaren darüber sein, dass es immer auch zu nicht beabsichtigten Effekten und Prozessen kommt. Inwieweit auf solche auftretenden Prozesse und Erwartungen innerhalb der Gruppe eingegangen werden kann bzw. sollte, bezieht sich immer auf den Zweck der Gruppe. Er bestimmt die Reaktion und die Intensität der Auseinandersetzung mit den Erfahrungen und Erlebnissen der Gruppenmitglieder. Deshalb sind Zielrahmen und Zweck der Gruppe ein wesentliches Merkmal für die Gestaltung einer Spieleinheit. Die unterschiedlichen Gruppen in erlebnispädagogischen Maßnahmen lassen sich unter vier Schlüsselbegriffen zusammenfassen:

Freizeit	Die Maßnahme dient der Entspannung, der Regeneration durch Abenteuer und dem Erlernen neuer Techniken (Klettertechniken, Knoten, Umgang mit Karte und Kompass etc.). Der Spaßfaktor spielt eine vorrangige Rolle. Überwiegend handelt es sich um Betriebsausflüge, Freizeitprogramme u.s.w.
Bildung	Das Erkennen und Verstehen steht im Mittelpunkt der Maßnahme. Ziel kann es sein, die Wichtigkeit von Kooperation und Koordination zu vermitteln. Durch diese Fokussierung kann eine Verhaltensänderung erfolgen. Schulklassenfahrten könnten unter diese Kategorie fallen.
Training	Die Modifizierung und Entwicklung funktionaler Verhaltensweisen ist Ziel der Maßnahme. Durch den Kurs werden soziale Kompetenzen angeregt und gefördert. Mögliche neu entwickelten Transaktionsmuster werden generalisiert und auf den Alltag transferiert. Viele Jugendhilfemaßnahmen dienen diesem Zweck.
Therapie	Zweck der Maßnahme ist die Veränderung bestehender dysfunktionaler Verhaltensmuster der Teilnehmer. Dies erfolgt durch deren Bewusstmachung, dem Entwickeln funktionaler Verhaltensweisen und deren Einübung bei gleichzeitiger Stärkung bereits vorhandener Ressourcen. Die Zielgruppe dieser Kategorie sind Drogenabhängige, Psychisch Kranke, Straffällige u.s.w.

(vgl. Priest/Gass 1997)

Die Bedeutung und Klarheit der Gruppenziele hat entscheidenden Einfluss auf die Gruppensituation. Je klarer die Gruppensituation, d.h. je differenzierter die Gruppenziele, desto

- motivierter sind die Gruppenmitglieder, die funktional zum Ziel stehenden Aufgaben zu lösen,
- positiver wird die eigene Arbeit eingeschätzt,
- intensiver ist das Gruppenzugehörigkeitsgefühl,
- besser werden die einzelnen Rollen und Funktionen wahrgenommen,
- eher kann das Individuum von der Gruppe beeinflusst werden,
- weniger kommt es zu feindseligen Gefühlen innerhalb der Gruppe.

Die Gruppenphase

Ein und dasselbe Spiel kann im Laufe einer Spieleinheit ein voller Erfolg werden, während es zu einem anderen Zeitpunkt vielleicht ein totaler Flop geworden wäre, obwohl es sich um die gleiche Gruppe handelt. Neben vielen anderen Faktoren kann dies auch daran liegen, dass eine Gruppe kein statisches Gebilde, sondern prozesshaft zu verstehen ist. Jede Gruppe durchläuft verschiedene Gruppenphasen, wobei die Dauer der einzelnen Phasen gruppenabhängig ist und nicht alle Gruppen alle Phasen durchlaufen, sondern auch in bestimmten Phasen stagnieren können. Innere oder äußere Einflüsse können eine Gruppe in bereits durchlaufene Phasen zurückwerfen. Die Differenzierung dieses Prozesses kann unterschiedlich gewichtet werden.
Die meisten Autoren und Wissenschaftler bevorzugen jedoch ein Modell, das aus fünf verschiedenen Phasen besteht:

1. Voranschluss-/Orientierungsphase
2. Macht-/Auseinandersetzungsphase
3. Intimitäts-/Vertrauensphase
4. Differenzierungsphase
5. Abschlussphase

(vgl. Malcher 1977, 44)

Am Anfang befindet sich eine Gruppe in der *Orientierungsphase*. Die Teilnehmer sind sich untereinander fremd, besitzen alle unterschiedliche Erfahrungen, eine individuelle Lebensgeschichte. Es besteht der Wunsch nach Annäherung bei gleichzeitiger Distanzwahrung. Die Grenzen werden ausgelotet, die einzelnen Gruppenmitglieder erforscht. Nach diesem anfänglichen Taktieren kommt es zur *Auseinandersetzungsphase*. Konflikte treten zu Tage, die Rollen innerhalb der Gruppe werden festgelegt. Es entsteht ein erster Gruppendruck. Die Unsicherheit der Teilnehmer ist in dieser Phase am stärksten. In der *Vertrautheitsphase* kommt es zu einer Stabilisierung der bestehenden Rollendifferenzierung. Im Mittelpunkt steht weiterhin die Gruppe und ihre Individuen. Die Mitglieder trauen sich Schwächen zuzugeben, ein Gemeinschaftsgefühl entsteht. In der *Differenzierungsphase* tritt nun die Gruppe in den Hintergrund zugunsten der eigentlichen Ziele und Aufgaben. In dieser Phase ist die Gruppe am produktivsten, sie

kann konstruktiv arbeiten und Kontakt zur Umwelt aufnehmen. Die letzte Phase im Gruppenprozess ist die *Ablösungsphase*. Die Gruppe ist im Begriff sich aufzulösen, sei es, weil das Ziel erreicht wurde, die Rahmenbedingungen es vorgeben oder es zu unüberbrückbaren Konflikten gekommen ist. Während einige Mitglieder froh darüber sind, ihren Blick in die Zukunft gerichtet haben, trauern andere der Gruppe nach, versuchen alte Gruppenrituale wiederzubeleben

Jede Gruppenphase bedingt ein spezielles Leitungsverhalten, eine bestimmte Spielauswahl.

Ein Abenteuerspiel wie »Das Spinnennetz« wird eine Gruppe in den verschiedenen Phasen auch unterschiedlich fordern und belasten. In der Auseinandersetzungsphase kann diese Aufgabe zu erheblichen Konflikten führen und die Gruppe vor enorme Anforderungen stellen. Dasselbe Spiel wird von der Gruppe in der Differenzierungsphase vielleicht problemlos absolviert.

In der Orientierungsphase können Vertrauensspiele zu starken Hemmungen und Spannungen führen, während sie in der Vertrauensphase das Gemeinschaftsgefühl steigern können.

Auch die Leitung spielt eine entscheidende Rolle bei der Bewältigung der einzelnen Gruppenphasen. Durch unterschiedliche Führungsstile können Gruppenprozesse gefördert bzw. gehemmt werden. Eine Theorie über effektives Leitungsverhalten in Bezug auf Gruppentyp und die jeweilige Gruppenphase erläutert, welches Verhalten sich in der jeweiligen Phase als besonders gruppenförderlich erweist:

	Freizeit	**Bildung /Training**	**Therapie**
Orientierungs-phase	Größtmögliche Transparenz gegenüber den Teilnehmern bezüglich des Programms und den Erwartungen an die Gruppe. Förderung von Interaktionen untereinander und Mitbestimmung der einzelnen Teilnehmer.	Klärung der Ziele und der Erwartungen der Gruppe. Förderung der Eigeninitiative der Teilnehmer. Klar strukturierte Aufgaben, mit dem Hinweis, dass unterschiedliches Verhalten innerhalb der Gruppe normal ist.	Klärung der Erwartungen und Ziele der Teilnehmer und Vermittlung der Erwartungen seitens der übergeordneten Institution. Einsicht der Teilnehmer in Bezug auf die individuellen Unterschiede in der Gruppe und die Möglichkeiten, die sich daraus ergeben.
Auseinander-setzungsphase	Konflikte als Lernfeld betrachten. Aufgaben und Spiele planen, die es den Teilnehmern ermöglichen, sich selbst darzustellen. Klare Abgrenzung der Entscheidungsbefugnis der Gruppe und der Leitung.	Konflikte zulassen, jedoch darauf achten, dass die Gruppenatmosphäre offen und sicher bleibt. Förderung von Gruppenentscheidungen. Nur im Notfall intervenieren, da dies einen Eingriff in die Verhaltensstrategien der Teilnehmer darstellt, der die Motivation hemmt.	Grenzen setzen, aber immer in Bezug zu dysfunktionalen Verhaltensweisen der Gruppenmitglieder. Förderung der Einsicht in das eigene Verhalten und dessen Konsequenzen.
Vertrauens-phase	Unterstützung der Gruppe bei der Festlegung gruppeninterner Normen. Förderung der Gruppenkohäsion. Wahrung der Sicherheit der Teilnehmer.	Förderung der Eigenverantwortlichkeit und Unabhängigkeit der Gruppenmitglieder. Gruppenkohäsion fördern. Spielleitung als Ressource für das Gruppenverhalten verstehen.	Weiterführung der Klärung individueller dysfunktionaler Verhaltensweisen und gleichzeitig Aufzeigen von Alternativen und bisheriger Erfolge. Übungen zur Befriedigung eigener Bedürfnisse, ohne die Rechte der Gruppe zu beeinträchtigen.

	Freizeit	Bildung /Training	Therapie
Differenzierungsphase	Unterstützung der Gruppe, ein anvisiertes Ziel zu erreichen. Förderung der Selbstinitiative und Eigenverantwortlichkeit. Steigerung der Kompetenzen und des Handlungsspielraumes der Teilnehmer.	Förderung der Verantwortung der Gruppenmitglieder. Die Spielleitung als teilnehmender Beobachter, die gegebenenfalls die Gruppe an die Erfüllung der vereinbarten Ziele erinnert, aber nicht direktiv eingreift.	Fokussierung der bisher erreichten Ziele, deren Generalisierung und Transfer auf den Alltag. Die Gruppe weiter herausfordern und auf bestehende dysfunktionale Verhaltensmuster aufmerksam machen.
Ablösungsphase	Ermutigung der Gruppenmitglieder, bisher vollbrachte Leistungen und Verhaltensmuster beizubehalten und auf den Alltag zu übertragen.	Evaluation der Gruppenaktivitäten mit der Gruppe. Transfer und Generalisierung des Gelernten auf den Alltag. Gegebenenfalls nachbereitende Maßnahmen für die Teilnehmer organisieren.	Fokussierung auf Lernerfolge, Unterstützung bei deren Generalisierung und Transfer. Aufzeigen von Gefahr des Rückfalls bei Abschluss des Kurses. Organisation von stabilisierenden Maßnahmen im Alltag der Teilnehmer.

Diese Liste soll ein grober Leitfaden sein, um zu veranschaulichen, welches Leitungsverhalten und welche Aufgaben für einen bestimmten Gruppentyp in der jeweiligen Gruppenphase wichtig sind und einen Anhaltspunkt für die Planung bestimmter Spieleinheiten bieten.

(vgl. Priest/Gass 1997, 66-69)

Die Gruppenstruktur

Die in den Gruppenphasen entstandene Struktur und die Rollenverteilung innerhalb einer Gruppe besitzt einen großen Einfluss auf eine Gruppe. Welche Gruppenmitglieder nehmen überhaupt aktiv an der Spieleinheit teil und welche nicht? Wer ist für was zuständig und warum? Es gibt Gruppen, die in der Lage sind, hoch komplexe Abenteueraktionen problemlos und äußerst effektiv zu lösen, sich bei einem albernen Warm-up-Spiel dagegen völlig überfordert fühlen. Verschieden Gruppen werden ein und dieselbe Aufgabe u. U. auf unterschiedliche Weise lösen. So können Unterschiede im Spielverlauf aus der jeweiligen Gruppenstruktur bzw. der jeweils spezifischen Rollenverteilung resultieren. Eine hierarchisch strukturierte Gruppe mit fixierter Rollenverteilung und zentralistischer Kommunikationsstruktur wird mit einem Warm-up, in dem es darum geht, ein atypisches Rollenverhalten zu zeigen, vielleicht völlig überfordert sein.

Eine Gruppe von Managern kann ein Spiel wie »Ah-So-Ko Zenkarate« als totale Heraus- oder Überforderung sehen. Bei diesem Spiel steht die Gruppe im Kreis. Jeweils ein Spieler macht eine vorher vereinbarte Karatebewegung und schreit dementsprechend. Durch die Geste wird signalisiert, wer als nächstes an der Reihe ist u.s.w. Für erwachsene Menschen in Führungspositionen kann dies eine schwere Aufgabe sein, da sie es vielleicht gewohnt sind, hochkomplexe Probleme zu lösen, aber nicht laut zu schreien und dabei karateähnliche Bewegungen zu machen.

Jede Gruppe weist verschiedene Strukturen auf, besitzt besondere Merkmale die sich auf das Spiel oder die Lösung von Problemaufgaben auswirken. Die Gruppenstruktur läßt sich aufgliedern in die Macht-, die Kommunikations- und die Rollenstruktur. Die Ausdifferenzierung dieser Elemente ist abhängig von der Bestehensdauer der Gruppe und der Art und Weise des Zusammenkommen. Den bedeutendsten Einfluss hat hierbei die Rollenverteilung innerhalb der Gruppe. Sie legt die Machtstruktur fest und bestimmt auch die Kommunikationsstruktur. Die Rollenstruktur zeigt die Rollendifferenzierung innerhalb einer Gruppe, legt die Verhaltenserwartungen fest, welche die Gruppe an die einzelnen Mitglieder stellt (vgl. Mueller/Thomas 1974, 320).

Alle Gruppenmitglieder definieren für sich die Gruppensituation und verhalten sich dementsprechend. Dabei werden sie konfrontiert mit dem Verhalten der anderen Gruppenmitglieder. Nach und nach erwerben alle Teilnehmer Handlungskompetenzen für bestimmte Situationen. Je nach Höhe und Notwendigkeit der jeweiligen Kompetenzen werden die Positionen innerhalb der Gruppe festgelegt, die Rollen werden differenziert. Es kommt zu Klassifizierungen wie z.B. Anführer, Mitläufer, Außenseiter, Sündenbock, Clown, schwarzes Schaf, »Professor« u.s.w. Diese Statusunterschiede innerhalb einer Gruppe formieren sich von Anfang an und sind auch bedingt durch Erwartungen der einzelnen Teilnehmer untereinander, aufgrund von Aussehen, Selbstsicherheit, Gruppenorientierung etc.

Die Gruppenentstehung und Zusammensetzung

Unterschiede im Spielverhalten lassen sich nicht nur durch die unterschiedlichen Strukturen, sondern auch durch die unterschiedliche Zusammensetzung und die Art der Entstehung begründen. Für die Durchführung Kooperativer Abenteuerspiele sind in diesem Zusammenhang vier Fragestellungen von Bedeutung:

- Handelt es sich um eine freiwillig zusammengekommene Gruppe?
- Ist diese auf Dauer angelegt oder nicht?
- Ist die Gruppe homogener oder heterogener Natur?
- Handelt es sich um eine formelle oder informelle Gruppe?

Ganz entscheidend ist die Frage nach der Freiwilligkeit der Gruppenfindung. Es gibt zwei Extrempole von Gruppen, die Wahlgruppe und die Funktionsgruppe. Bei der Wahlgruppe handelt es sich um ein Zusammenkommen von Personen auf *freiwilliger Basis*, während die Mitglieder einer Funktionsgruppe aufgrund eines *»freiwilligen Zwangs«* teilnehmen. Den Personen wird geraten teilzunehmen oder sie werden institutionell dazu verordnet. Innerhalb dieses Spektrums von freiwilliger Basis und Zwang gibt es natürlich viele Zwischenbereiche. Klassenfahrten von Schulen sind ein gutes Beispiel hierfür. Einerseits ist die Fahrt vorgeschrieben, aber andererseits haben die meisten Schüler auch Interesse an der Aktion. Die Teilnahme ist weder nur freiwillig, noch völlig aufgezwungen. Aber inwieweit die Teilnahme freiwillig ist oder nicht, beeinflusst grundlegend die Motivation der Teilnehmer und die Gruppensituation. Eine Grundvoraussetzung für den Erfolg Kooperativer Abenteuerspiele ist die weitgehende Freiwilligkeit der Spieler. Denn wenn diese dazu verordnet wurden, werden sie wohl kaum Bereitschaft zeigen, sich in einen Zustand des Ungleichgewichts zu begeben, werden eher Spiele abblocken oder sich ganz weigern mitzuspielen. Die Spielleitung wäre vielmehr gefordert, die Teilnehmer zu erreichen und auch eine innere Teilnahme dieser Spieler anzuregen. Deshalb ist es äußerst fraglich, inwieweit eine solche Aktion mit einer reinen Funktionsgruppe überhaupt möglich ist.

Während die *Dauergruppe* eine Zusammenkunft ist, die auf lange, oft unbegrenzte Zeit fungiert, ist die *Gruppe auf Zeit* eine Institution, die von Anfang an zeitlich begrenzt ist. Die Mitglieder der Dauergruppe haben meist schon ihren festen Platz innerhalb der Gruppe, sie fühlen sich entweder geborgen oder vereinnahmt durch die Gruppe. Die Gruppe ist ein Ganzes, was auch eine gewisse Uniformität nach sich ziehen kann, bei der die individuellen Grenzen verwischen. In der Gruppe auf Zeit sind die Positionen meist noch nicht endgültig festgelegt, was zu Rollenkonflikten, Unsicherheiten und Spannungen führen kann. Die Teilnehmer verfügen über eine große Bereitschaft zu Engagement, die aber zeitlich begrenzt und auf ein bestimmtes Ziel ausgerichtet ist. Mitglieder solcher Gruppen achten meistens mehr auf den individuellen Gewinn einer Aktion. Das Individuum hat einen höheren Stellenwert als die Gruppe im Gegensatz zur Dauergruppe.

Homogene Gruppen sind Gruppen, in denen eine relative Gleichheit, eine Verwandtschaft zwischen den einzelnen Mitgliedern besteht. In diesen Gruppen bleibt vieles unausgesprochen, bedarf keiner Klärung, da die einzelnen Personen relativ übereinstimmende Meinungen besitzen. In solchen Gruppen herrscht häufig ein Bestreben zum Erhalt dieser Homogenität, wodurch es dazu kommen kann, dass einzelne Gruppenmitglieder Hemmungen haben, andere Meinungen zu vertreten. Homogenität kann auch zu einer Art »verkrampfter Harmonie« werden. In einer *heterogenen Gruppe* kommt es dagegen viel häufiger zu Diskussionen, Spannungen und Konflikten. Die Gruppe besteht aus vielen Personen, die verschiedene Meinungen vertreten, was für die einen selbstverständlich erscheint, wird von anderen hinterfragt oder angezweifelt. Solche Gruppen neigen zur Bildung von Subsystemen. Die Gruppe kann sich spalten und es bilden sich starke Sympathien und Antipathien gegenüber den Mitgliedern der verschiedenen Kleingruppen.

Eine *formelle Gruppe* ist ein organisiertes, strukturiertes System, es besteht Klarheit hinsichtlich der Werte, Normen, Ziele und Ordnung. Alle Gruppenmitglieder kennen ihre Position und die gegenseitigen Erwartungen. Dies kann dazu führen, dass sich die Gruppe sehr verkrampft verhält, alle unterliegen dem formellen Zwang. Personen, die höher in der Hierarchie stehen besitzen einen stärkeren Einfluss als andere, unabhängig von ihren Stärken und Schwächen. Die *informelle Gruppe* ist dagegen ein Gebilde, das spontan entstanden ist. Es besteht noch keine differenzierte Struktur, die Ziele, Normen und Werte sind individuell unterschiedlich und noch nicht aufeinander abgestimmt. In diesen Gruppen kann es zu Konfusionen kommen, es bestehen noch keine Absprachen. Die Gruppe benötigt erst noch Zeit sich zu formieren, abzusprechen, sich gegenseitig kennenzulernen.

Merkmale einer guten Spielleitung

Merkmale einer guten Spielleitung

»Leiten ist wie eine Kunst – teilweise Gefühl, ein bisschen Intuition, ein Teil Analyse, Theorie und eine Portion Erfahrung«

(frei übersetzt nach Rohnke/Butler 1995, 42)

Dieses Zitat ist sehr passend für die Durchführung Kooperativer Abenteuerspiele. Es ist wirklich eine Kunst, ein so komplexes Medium effektiv zu planen, durchzuführen und zu reflektieren. Ein Großteil dieser Kunst beruht auf Erfahrungen, Intuition und Gefühl, und kann nicht durch ein Buch vermittelt oder erlernt werden. Da aber intuitives Handeln allein nicht ausreicht, und die Anwender von Abenteuerspielen an Grenzen stoßen lässt, möchte dieses Buch grundlegende Theorien der Spielleitung, sowie praktische Tipps bei deren Umsetzung vermitteln.

Die bisherigen Ausführungen haben das Potenzial und die Komplexität Kooperativer Abenteuerspiele hervorgehoben, allerdings immer in Abhängigkeit von der Spielleitung. Kooperative Abenteuerspiele entfalten nicht von sich aus ihre pädagogische Wirkung, sondern bedürfen einer effektiven Leitung, welche die Spieleinheit gewissenhaft plant und vorbereitet. Die Präsentationsphase fordert von der Spielleitung die Fähigkeit, die Spiele bewusst, animierend und präzise darzustellen. Während der Aktionsphase sind wieder andere Qualitäten, wie eine gute Beobachtungsgabe und Situationseinschätzung gefordert. Die Reflexion halten viele Spielleiter für die eigentliche Schwierigkeit, da hier Moderation und Sensibilität im Umgang mit entsprechenden Themen und Wortmeldungen gefragt sind. In jeder Phase werden also andere und neue Anforderungen an die Spielleitung gestellt. Neben diesen verschiedenen und variierenden Kompetenzen, gibt es zusätzlich noch Fähigkeiten, die generell gelten und phasenunabhängig wichtig für den Verlauf der Spieleinheit sind.

Es ist nicht möglich, eine Art Rezept zu schreiben, nachdem die Spiele dann immer gelingen, aber es ist möglich, verschiedene Hilfen zu geben, ein Gerüst zu bauen, auf das sich die Spielleitung stützen kann. Im Folgenden geht es darum, ein solches Gerüst zu bauen, Anregungen zu geben und die Aufmerksamkeit auf wichtige Gesichtspunkte zu lenken.

Phasenübergreifende Merkmale einer effektiven Spielleitung

Der entscheidende Knackpunkt bei der Durchführung einer Aktion mit Kooperativen Abenteuerspielen ist die Frage, ob es der Spielleitung gelingt, eine Atmosphäre der Sicherheit und des Vertrauens in der Gruppe zu schaffen oder nicht. Neben diesem Hauptkriterium gehört zu den phasenübergreifenden Merkmalen die Veränderung der Rolle und Aufgabe der Spielleitung im Laufe der Aktion.

Die Position der Spielleitung sollte sich während der einzelnen Phasen der Spieleinheit verändern. *Zu Beginn* ist es wichtig, dass die *Leitung im Mittelpunkt* steht. Die Spielleitung sollte sich bewusst in den Vordergrund stellen und die Aufmerksamkeit auf sich ziehen. Durch diese Zentrierung auf den Spielleiter haben die Teilnehmer einen Fixpunkt und die anfängliche Nervosität und Unsicherheit einer Gruppe werden eingegrenzt. *Im Laufe der Einheit* sollte sich die Spielleitung dann mehr und mehr zurückziehen, um wichtige Gruppen- und Lernprozesse zu ermöglichen. Es ist unmöglich, einen genauen Zeitpunkt dafür festzulegen. Ein Kriterium ist die Beziehung der Spieler untereinander. Sobald sich eine angenehme Atmosphäre entwickelt hat, und die Teilnehmer beginnen, Beziehungen untereinander zu knüpfen, ist es für die Spielleitung Zeit sich zurückzunehmen. Die Gruppe steht im Mittelpunkt und die Spielleitung übernimmt *eine begleitende, unterstützende Funktion.*

Nur während der Instruktion von speziellen Techniken (z.B. Knoten) und der Vermittlung von Sicherheitsaspekten sollte die Spielleitung ihre Autorität klarstellen. In diesem Moment ist es wichtig, dass die Kompetenz der Leitung deutlich wird. Durch ein souveränes, kompetentes Auftreten kann die Angst der Spieler reduziert werden. Ein weiterer Punkt ist der Umgang mit Situationen, die von den Spielern als gefährlich wahrgenommenen werden. In diesen Momenten ist es wichtig, dass die Spielleitung immer vor Ort ist und die Teilnehmer wissen, dass diese im Notfall eingreifen kann.

Bei der Demonstration von schwierigen Bewegungsabläufen oder von Handlungen, die Ängste bei den Teilnehmern hervorrufen, sollte sich die Anleitung auf das Wesentliche beschränken. Falls der Spielleiter selbst Schwierigkeiten oder Angst dabei hat, kann es sogar von Vorteil sein, diese einzugestehen. Durch eine zu reibungslose und scheinbar kinderleichte Demonstration fühlen sich die Spieler, wenn sie bei den eigenen Versuchen bemerken, dass es nicht so reibungslos klappt, leicht unfähig oder minderwertig.

In der Reflexionsphase wiederholt sich dieser ganze Prozess. Zu Beginn sollte die Spielleitung die Aufmerksamkeit auf sich lenken, um bestimmte Gesprächsregeln in die Gruppe zu geben und um eine konstruktive Diskussion zu initiieren, in deren Verlauf die Teilnehmer wieder in den Vordergrund rücken.

Die Spielleitung ist also weder Alleinunterhalter, noch Gruppenleiter im klassischen Sinne. Vielmehr sollte die Spielleitung Begleiter und Förderer der Spieler sein und diese so gut es geht in ihren Bemühungen unterstützen, ohne etwas vorwegzunehmen oder diese zu bevormunden.

Die Atmosphäre der Sicherheit und des Vertrauens

»As Leaders, your goal is to create an atmosphere of fun and learning where people have a wide range of opportunities available to them« (Steve Butler)

In den bisherigen Ausführungen war schon mehrfach von der Bedeutung einer Atmosphäre der Sicherheit und des Vertrauens die Rede. Nur unter dieser Bedingung ist Lernen im Sinne von Wachstum und Veränderung möglich. Soweit, so gut. Doch wie geht das? Und was bedeutet das für ein angemessenes Verhalten der Spielleitung?

Die Schlüsselbegriffe sind *Akzeptanz und Empathie.* Diese beiden Werte sind die Grundvoraussetzung, um eine solche Atmosphäre entstehen zu lassen. *»Wenn ich (...) versuche, die Welt des anderen nicht mit meinen, sondern mit seinen Augen zu sehen, so entsteht ein Klima des Verständnis und des Vertrauens«* (Heckel1999, 92). Die Übertragung dieser Einstellung der Spielleitung kann unterschiedlich verlaufen, entweder explizit durch die Aufstellung von Regeln oder allein durch das Vorleben dieser Werte.

Die Spielleitung hat schon deshalb einen großen Einfluss auf die Atmosphäre der Spieleinheit, da die Spieler unbewusst enorm viel Energie und Zeit darauf verwenden, sie zu beobachten. Ständig unter Beobachtung zu stehen, empfinden manche Spielleiter als unangenehm, aber darin liegt auch eine sehr große Chance. Die Spielleitung hat die Möglichkeit, durch ihr Verhalten die Spieler positiv zu beeinflussen, das Schaffen einer angenehmen Atmosphäre zu fördern. Das A und O dabei ist, dass sich die Spieler von der Spielleitung akzeptiert und verstanden fühlen. Die Leitung sollte sich gegenüber den Teilnehmern als Partner erweisen, diese wertschätzen, ernst nehmen und respektieren. So fällt es den Gruppenmitgliedern leichter, sich auch untereinander zu öffnen und eine offene und ehrliche Beziehung aufzubauen.

Ganz wichtig ist der *Kontakt mit den Teilnehmern.* Die Spielleitung sollte aktiv das Gespräch mit den Spielern suchen. Nicht nur über die Spiele und deren Möglichkeiten, sondern auch über ganz allgemeine Themen, Kino, Hobbys u.s.w. Besonders in der Anfangsphase können so Hemmungen abgebaut und Beziehungen aufgebaut werden. *»Talk with them, not at them«* (Rohnke/Butler 1995, 57). Spielleiter können auch ruhig mal eine Geschichte erzählen, in der sie nicht so gut abgeschnitten haben. So können die Spieler sehen, dass man nicht immer gut aussehen muss bei einer Sache, und dass man auch *mit* jemandem lachen kann und nicht nur *über* jemanden. Dies sollte aber nicht so verstanden werden, dass es sich hierbei um eine Show der Spielleitung handelt. Es sollte ganz klar sein, dass die Spieler im Mittelpunkt des Geschehens stehen, es ist ihre Zeit. Die Spielleitung ist nicht dafür da, die eigenen Fähigkeiten und Kompetenzen zur Schau zu stellen, sondern den Spielern die Möglichkeit zu geben, selbst Kompetenzen zu erwerben.

Ein weiterer Punkt bei der Schaffung einer angenehmen Atmosphäre ist *Spaß und Humor.* Dies sind zwei ganz wichtige Faktoren, deren Bedeutung oft unterschätzt wird. Wenn die Spieler Spaß haben, werden sie automatisch lockerer und fühlen sich wohl.

Spaß wirkt animierend und einladend. Warum sonst sollten sich erwachsene Menschen auf einer Wiese «rumwälzen», wenn es nicht Spaß machen würde. Deshalb sollte die Spielleitung besonders in der Anfangsphase diesem Punkt Beachtung schenken. Bei Warming-ups empfiehlt es sich auch, dass die Spielleitung mitspielt. Denn durch das eigene Mitspielen ist es möglich, Verhaltensweisen wie Enthusiasmus, Albernheit, Kooperation und Unterstützung in der Gruppe zu etablieren und wünschenswerte oder angestrebte Werte modellhaft vorzuleben.

Neben diesen indirekten Faktoren, besteht aber auch die Möglichkeit, explizit auf die Einhaltung bestimmter Grundregeln zu pochen, um eine Atmosphäre der Sicherheit und des Vertrauens zu gewährleisten. Im angloamerikanischen Raum spricht man in diesem Zusammenhang vom *Full Value Contract*, einem Vertrag, der im Vorfeld mit der Gruppe besprochen, und mündlich oder sogar schriftlich vereinbart wird. Bestandteile dieses Wertschätzungsvertrages können sein:

- Gegenseitige Achtung und Wertschätzung.
- Jeder behandelt den anderen so, wie auch er behandelt werden möchte.
- Alle versuchen, als Gruppe zusammen zu arbeiten, um die gemeinsamen und individuellen Ziele zu erreichen.
- Alle wichtigen Themen werden offen und ehrlich angesprochen, wobei jeder selbst dafür verantwortlich dafür ist, dass seine Gedanken und Sorgen zu Wort komme.
- Alle halten an diesen Regeln sowie bestehenden Sicherheitsaspekten fest.

Falls sich die Spielleitung dafür entscheidet, einen solchen Vertrag mit der Gruppe abzuschließen, ist es wichtig, dass dieser auch wirklich *mit* der Gruppe beschlossen wird. Der Erfolg dieser Methode ist maßgeblich von dem *Einverständnis der Spieler* abhängig. Deshalb sollte sich die Spielleitung genügend Zeit für dessen Besprechung lassen und die Teilnehmer damit nicht überrollen. Bei der Präsentation der Grundsätze empfiehlt es sich, genau auf die verbalen und nonverbalen Reaktionen der Gruppenmitglieder zu achten und gegebenenfalls Unstimmigkeiten anzusprechen. Erst wenn alle wichtigen Punkte diskutiert und von der Gruppe akzeptiert worden sind, ist es möglich, mit dem Programm weiterzumachen, da sonst ein gegenteiliger Effekt erreicht werden kann und die Teilnehmer sich von der Spielleitung möglicherweise abgewertet, ignoriert oder nicht wichtig genommen fühlen.

Die Planungs-phase

Die Planungsphase

»Meine Herren Generäle, sollten sie feststellen, dass unsere Karten nicht mit der Landschaft übereinstimmen, können sie davon ausgehen, ... die Landschaft stimmt«

(Verfasser unbekannt)

Sind Kooperative Abenteuerspiele überhaupt planbar? Wie soll etwas geplant werden, was spontan, dabei aber genau auf die Bedürfnisse der Teilnehmer abgestimmt sein sollte? Und dies nach Möglichkeit gemäß einem vorher formulierten Zielrahmen!

Es ist natürlich nicht möglich, den Verlauf einer Spieleinheit vollständig vorherzusehen und zu planen, da viel zu viele verschiedene Einflussfaktoren existieren, die das Spielgeschehen mitbestimmen. Dennoch lässt sich durch eine gute Planung ein Rahmen abstecken, indem das Spielgeschehen vermutlich ablaufen wird. Ein Pädagoge, der sich keine Gedanken über den Zielrahmen macht, um spontan und flexibel zu bleiben, liefert sich völlig dem Zufall aus und hat nicht die Möglichkeit, zielorientiert zu arbeiten. Die entscheidende Frage ist nicht, ob eine Planung notwendig ist, sondern wie eine effektive Planung gestaltet werden kann. Die Qualität der Planung beruht auf einer sorgfältigen Gruppenanalyse, einer realistischen Zielrahmendefinition, einer eingehenden Auseinandersetzung mit den Rahmenbedingungen und einer angemessenen Spielzusammenstellung.

Die Planungsphase lässt sich in drei Teile gliedern:
1. Die Informationsaufnahme
2. Die Konzeptentwicklung
3. Die Vorbereitung

Die *Informationsaufnahme* steht ganz am Anfang einer Planung. Zentrale Fragen bezüglich der Gruppe, der Rahmenbedingungen und des Zieles stehen hier im Mittelpunkt. Darauf aufbauend beginnt die eigentliche *Konzeptentwicklung*, die Auswahl der Spiele, deren Gestaltung und Variation, die Spielzusammenstellung und möglicherweise die Entwicklung einer Rahmengeschichte. Wenn dieser Vorgang abgeschlossen ist, muss die entstandene Spieleinheit *vorbereitet* werden. Diese Prozedur hilft, sich optimal auf die Spielsequenz einzustimmen und die Maßnahme so gut wie möglich zu gestalten. Die so entstandene Organisation darf jedoch nicht starr und rigide sein. Für die Effektivität der Planung ist es entscheidend, dass die Spielleitung flexibel und spontan bleibt und situations- und teilnehmerorientiert agiert. Eine Möglichkeit, die Notwendigkeit von Planung und die Forderung nach Flexibilität zu verbinden, ist die *flexible Planungskompetenz*. Darunter wird die Fähigkeit verstanden, *»Spielstunden so zu planen und durchzuführen, dass er (der Spielleiter) auf Bedürfnisse und Interessen, die im Spiel geäußert werden, mit einem angemessenen Spielangebot »antworten« kann«* (Fritz 1986, 83-84). Dazu gehört neben dem entwickelten Konzept für die Aktion möglicherweise auch die Vorbereitung einer Alternative. Die Spielleitung sollte möglichst viele Möglichkeiten und Methoden kennen, um die Spieleinheit an den Bedürfnissen der Spieler auszurichten und gegebenenfalls improvisieren zu können.

Die Informationsaufnahme

Informationsaufnahme bezeichnet die Auseinandersetzung mit den Bedingungen, welche die zu planende Maßnahme beinhaltet. Sie bildet die Basis für eine sinnvolle Spielplanung. Denn wenn weder der Spielort bekannt ist, noch die Gruppe, mit der gespielt werden soll, ist es nahezu unmöglich, sinnvoll zu planen.

Zuallererst muss sich die Spielleitung mit dem institutionellen Rahmen der Maßnahme auseinandersetzen. Welche Legitimation besitzt die Spielleitung für ihr Handeln? Handelt es sich um eine Erholungsaktion, eine Bildungsmaßnahme, ein Training oder eine Therapie? (siehe »Ziel und Zweck einer Gruppe«)

Bei einer therapeutischen Maßnahme im Rahmen einer Rehabilitationsklinik für Drogensüchtige ist es möglicherweise sinnvoll, die Teilnehmer mit ihren Verhaltensmustern direkt zu konfrontieren, diese in Frage zu stellen und so eine konstruktive Auseinandersetzung mit dem eigenen Verhalten, den Emotionen und Kognitionen anzuregen und zu fördern. Bei einem Workshop zur Steigerung des Teamgeistes wäre solch eine Vorgehensweise zu einschneidend, die Spielleitung hätte nicht die Legitimation so sehr in die Tiefe zu gehen, die Transaktionsmuster der Spieler in Frage zu stellen.

Welche Erwartungen haben die Spieler an die Leitung und an die betreffende Institution?

Wenn es sich um eine Fortbildung für pädagogische Fachkräfte handelt, die Wissen zur Weitervermittlung bekommen wollen, bestehen sicherlich andere Erwartungen an die Spielleitung, als bei einer Maßnahme im Rahmen des städtischen Ferienprogramms.

Gibt es eine übergeordnete Institution seitens der Spieler?

Wenn die Spiele beispielsweise mit Schülern in ihrer Klasse stattfinden soll, ist der Handlungs- und Bewegungsspielraum sehr eingeschränkt. Vornehmlich bedingt durch das schulische Curriculum aber auch durch die Raumgröße, die Ausstattung, die Zeiteinteilung, Nachbarklassen u.s.w..

All dies sind Fragen und Probleme, die sich auf das Spielgeschehen und die Spielleitung auswirken und die im Vorfeld abgeklärt werden sollten.

Generell lässt sich sagen, *»je »zwingender« der institutionelle Rahmen, je verbindlicher die Organisationsstruktur, desto weniger Handlungsspielraum bei der Bestimmung der äußeren Bedingungen des Spiels hat der Spielleiter«* (Fritz 1986, 66).

Neben dieser institutionellen Orts- und Rahmenbestimmung gehört zu dieser Phase auch die Auseinandersetzung mit den Faktoren Ort, Zeit und Material (siehe Kap. »Einflussfaktoren«).

Der wichtigste Teil dieser Phase ist jedoch die Auseinandersetzung mit der Gruppe, die aus zwei Perspektiven verlaufen kann. Entweder die Gruppe ist bekannt und die Spielleitung entnimmt ihre Kenntnisse über die Gruppe eigenen Beobachtungen und Erfahrungen, oder Gruppe und Spielleitung sind sich gegenseitig unbekannt. In letzterem Fall sollte die Leitung versuchen, so viel Wissen wie möglich zu sammeln, um eine konkrete Planung und Vorbereitung durchführen zu können. Grundlegende Faktoren sind das Alter und die Größe der Gruppe. Sie bilden den Rahmen der Planung. Mit diesen Faktoren lässt sich schon eine erste Spielauswahl treffen. Kenntnisse über die Gruppenstruktur, Ziel, Zweck, Entstehung und Zusammenkommen der Gruppe, die Gruppenphase und bestehender Dynamiken vervollständigen die Gruppenanalyse und bestimmen vornehmlich den zu formulierenden Zielrahmen und das Verhalten der Spielleitung während der Durchführung der Spielsequenz (siehe Kap. »Die Gruppe«)

Die Konzeptentwicklung

Auf die Informationsaufnahme aufbauend, erfolgt zuallererst die Zielrahmendefinition. Ohne diese verliert die Planung ihre Perspektive und wird orientierungslos. Was möchte ich mit den Spielen erreichen? Und vielleicht noch interessanter: Was möchten die Teilnehmer mit der Aktion erreichen? Denn neben den eigenen Gedanken und Erwartungen existieren noch genauso viele andere Ideen, Wünsche und Erwartungen, wie es Spieler gibt. Auch die Teilnehmer sollten auf die Zielrahmendefinition Einfluss haben. Es ist schwierig, diesen Faktor in die Planungsphase mit einzubeziehen, dennoch sollte er im Auge behalten werden. Eine Möglichkeit besteht darin, am Anfang der Aktion eine Erwartungsanalyse mit den Teilnehmern zu machen. Ansonsten empfiehlt es sich, die ersten Spiele zunächst relativ offen zu gestalten und durch diese herauszufinden, was das Thema der Gruppe ist, welche Ziele und Erwartungen die Teilnehmer haben und diese in die weitere Planung mit einzubeziehen.

Bei der Zielrahmendefinition werden die Ziele jeweils in Fern- und Nahziel unterschieden. Das Fernziel bezieht sich auf die gewünschte Richtung des Lernprozesses. Diese wird vorher festgelegt und ist in der Regel nicht leichtfertig veränderbar. Nahziele beziehen sich auf aktuelle Wünsche und Bedürfnisse der Gruppe und sind situations- und teilnehmerorientiert zu formulieren und den aktuellen Wünschen und Erwartungen anzupassen.

Während des Spiels »Das Spinnennetz« kann es z. B. zu einer Diskussion über das Körpergewicht, die Figur der einzelnen Spieler kommen. Manche fühlen sich aufgrund ihres Körpergewicht durch die Aufgabenstellung zu sehr festgelegt. Diese Möglichkeit hatte die Spielleitung nicht vorausgesehen. Für sie stand die Förderung des Gemeinschaftsgefühls im Mittelpunkt, da es sich um ein klassisches Kooperationsspiel handelt, bei dem die Gruppenmitglieder nur mit gegenseitigen Hilfestellungen durch die höhergelegenen Öffnungen gelangen können. Dennoch muss sich der Fokus nun auf die aktuelle Problematik beziehen. Ansonsten käme es zu einem Bruch, die Spieler würden sich vielleicht nicht ernst genommen fühlen. Das Fernziel Gemeinschaftsgefühl wäre wirklich in weite Ferne gerückt.

Auch wenn einige Spieler mit der Erwartung von Spaß gekommen sind, die Spielleitung aber die Förderung der Kommunikations- und Konfliktfähigkeit vordergründig thematisieren wollte, muss sie auf das Bedürfnis Spaß eingehen, um überhaupt die Bereitschaft der Spieler zu erlangen, sich auf die vorher anvisierten und geplanten Themen einzulassen. Dies ist ein schwieriges Unterfangen. Trotz dieser unbekannten Variablen ist es wichtig, vorab einen Zielrahmen zu definieren.

Im Folgenden ist ein Spektrum möglicher Ziele aufgeführt, die aus den Bereichen des Sozialen Lernens und der Persönlichkeitsentwicklung stammen und mittels Kooperativer Abenteuerspiele verfolgt werden können:

- **Kooperationsfähigkeit**

Fast alle Kooperativen Abenteuerspiele basieren auf dem Element der Kooperation. Die Gruppe steht im Mittelpunkt. Nur durch kooperatives Verhalten können die Aufgaben gelöst werden. Es gibt keine individuellen Gewinner und Verlierer.

- **Konfliktfähigkeit**

Aufgrund der Aufgabenstellung, die von den Teilnehmern als subjektiv herausfordernd angesehen wird, kann es zu Konflikten innerhalb der Gruppe kommen. Durch den »Als-ob-Charakter« und die Überschaubarkeit der Spielsituation bieten diese ein ideales Lernfeld, um die Konfliktfähigkeit zu verbessern.

- **Helfen und sich helfen lassen**

Die Spiele sind so konzipiert, dass alle Spieler auf die Hilfe der anderen angewiesen sind und die verschiedensten Handlungskompetenzen gefordert werden. Dadurch können die Teilnehmer lernen, sich gegenseitig zu unterstützen und von anderen Hilfe anzunehmen.

- **Übernahme von Initiative und Verantwortung**

Die Spieler müssen innerhalb der Gruppe Initiative zeigen, um gemeinsam erfolgreich zu sein. Dazu gehört es, sich als Person einzubringen, um die Situation zu bewältigen und da zu gehört auch die Übernahme der Verantwortung für das eigene Verhalten.

- **Selbstwertgefühl**

Durch die komplexe Aufgabenstellung ist jeder Spieler wichtig in der Gruppe. Die Spiele sind auf den Erfolg hin ausgerichtet. Das Erlebnis aufgrund der eigenen Initiative zum Erfolg der Gruppe beigetragen zu haben, kann das Selbstwertgefühl des Einzelnen steigern.

- **Realistische Selbsteinschätzung**

Besonders Jugendliche haben heutzutage wenig Gelegenheiten, sich auszuprobieren und eigene Grenzen kennenzulernen. Durch die subjektive Herausforderung, der Offenheit der Situation und der erforderlichen Eigeninitiative haben die Spieler die Möglichkeit ihre Schwächen und Stärken besser kennen- und einschätzen zu lernen.

- **Körperbewusstsein**

Viele der Spiele erfordern es, dass sich die Spieler gegenseitig berühren, anfassen oder stützen, bzw. selbst ihren Körper in ungewohnter Weise fordern. Dadurch erfahren diese ihren Körper intensiver und können ein besseres Körperbewusstsein entwickeln.

- **Vertrauen**

Neben den Vertrauensspielen, die explizit dieses Ziel verfolgen, sind die Spieler auch bei den anderen Spielen darauf angewiesen, sich gegenseitig zu vertrauen, beispielsweise wenn einzelne Personen über ein Hindernis gehoben werden. Die Spiele fördern das Selbst- und das Fremdvertrauen.

- **Wahrnehmung**

Viele Spiele dienen der Sensibilisierung der Sinne. Sei es durch die Aufgabenstellung, sich die Augen zu verbinden, um eine bestimmte Situation zu bewältigen oder dadurch, dass niemand sprechen darf und die Kommunikation auf nonverbaler Ebene geführt wird. Durch den Wegfall solcher, normalerweise dominanter Funktionen sind die Spieler gefordert andere Sinne zu benutzen. Diese werden geschärft und die Wahrnehmung wird gefördert.

- **Koordination**

Durch die Komplexität der Spiele und die Anforderungen an die gesamte Gruppe bedarf es einer guten Koordination innerhalb der Gruppe, um die Aufgabe erfolgreich zu lösen. Die Spieler müssen ihre Aktionen besprechen und planen. Die einzelnen Spieler können so ihre Koordinationsfähigkeit verbessern.

(vgl. Gilsdorf/Kistner 1995, 22-23).

Auswahl der Spiele

Nach der Formulierung des Zielrahmens und der Klärung aller wichtigen Rahmenbedingungen erfolgt die Auswahl der Spiele. Zunächst lassen sich die Aktivitäten innerhalb Kooperativer Abenteuerspiele in neun Kategorien ordnen.

1. *Kennenlernen*
2. *Warm-up*
3. *Wahrnehmung*
4. *Vertrauen*
5. *Kommunikation*
6. *Kooperation*
7. *Problemlösung*
8. *Abenteueraktion*
9. *Reflexion*

Je nachdem, was Ziel und Zweck der Spieleinheit sein soll, können aus diesen Kategorien einzelne Spiele ausgewählt, bzw. Spielketten zusammengestellt werden. Doch nicht jedes Kooperationsspiel passt zu jeder Gruppe. Es gibt entscheidende Kriterien, inwieweit ein Spiel zu einer Gruppe passt oder nicht. Die folgende Tabelle soll diesbezüglich Anhaltspunkte bieten und bei der sinnvollen Auswahl von Spielen hilfreich sein:

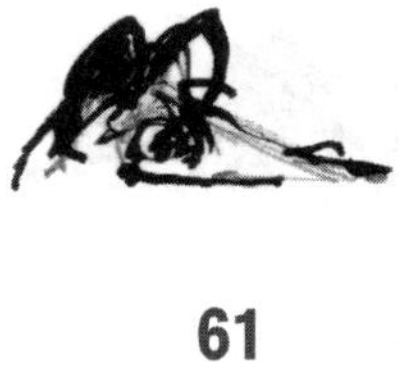

Bekanntheitsgrad der Gruppenmitglieder	Spiele, die einen höheren Grad an Vertrautheit erfordern (z.B. Körperkontakt beinhalten), als er in der Gruppe vorhanden ist, können dazu führen, dass sich die Spieler unwohl fühlen. Es kommt zu Unsicherheit und Befangenheit. Idealerweise sollten Spiele verwendet werden, die an den aktuellen Grad an Offenheit und Vertrautheit anknüpfen und zu dessen Erweiterung beitragen.
Kooperationsgrad	Spiele, die einen hohen Grad an Kooperation erfordern, sollten möglichst gegen Ende einer Spielsequenz stehen, da eine gute Kommunikation und ein gewisses Gemeinschaftsgefühl vorhanden sein muss, um diese erfolgreich beenden zu können.
Anforderungscharakter	Die Begeisterung und Beteiligung der Spieler ist höher, wenn die Gruppe gemeinsame Erfolgserlebnisse hatte. Deshalb sollten die Spiele so ausgewählt und gestaltet werden, dass eine realistische Chance für die Gruppe besteht, erfolgreich zu sein. Dies gilt insbesondere für Gruppen, die viel mit Misserfolgen umzugehen haben.
Schwierigkeitsgrad	Ein weiterer Faktor für die Begeisterung und die Motivation ist die Herausforderung. Die Spiele sollten als herausfordernd angesehen werden, d.h. Anforderungen an die Spieler stellen, die deren aktuelle Kompetenzen ganz fordern, aber dennoch im Rahmen des Möglichen sind. So werden die Fähigkeiten und der Handlungsspielraum der Gruppe Stück für Stück größer.
Albernheit	Viele Spiele ermöglichen es den Spielern, sich albern zu verhalten, oder setzen dies sogar voraus. Albernheit gehört für die meisten Menschen jedoch nicht zu ihren alltäglichen Verhaltensmustern und sie fühlen sich unsicher und verwundbar, wenn sie ein solches Verhalten an den Tag legen. Deshalb sollten die Spiele diesbezüglich sorgfältig ausgesucht werden und für die Spieler akzeptabel sein.
Vertrauen	Vertrauen gegenüber den anderen kann nicht allein durch Spiele erreicht werden, sondern ist ein Prozess der alle Interaktionen der Teilnehmer, auch außerhalb des Spielgeschehens, mit einbezieht. Vertrauensspiele sind eine Möglichkeit, die Vertrauensbasis, die in der Gruppe besteht, festzustellen, zu testen und vielleicht zu festigen. Sie bieten aber auch die Möglichkeit, für die Spieler zu entscheiden, wem in der Gruppe sie mehr vertrauen und wem weniger.
Subjektive Gefahreneinschätzung	Viele Kooperative Abenteuerspiele werden die Teilnehmer mit Gefahr verbinden, sei es physischer (z.B. Verletzung), oder psychischer Art (z.B. Blamage). Es sollte hierbei bedacht werden, dass die Gefahreneinschätzung der einzelnen Spieler oft ganz unterschiedlich sein kann und nicht rational zu erklären ist, sondern auf ganz anderen Dingen basiert. Die Spieler sollten zu keiner Aktivität gezwungen werden, sondern die Teilnahme soll freiwillig sein. Viele Aktivitäten, bei denen die Angst sehr hoch ist, können selbst bei erfolgreicher Teilnahme ein negatives Erlebnis für die Teilnehmer sein.
Anzahl der benötigten Rollen	Zur Überprüfung, inwieweit ein Spiel auf die Gruppe passt, empfiehlt es sich zu überlegen, inwieweit die Gruppe über die erforderlichen Rollen für das Spiel verfügt. Das Spiel »Das Spinnennetz« zum Beispiel erfordert die Rolle des Koordinators, des Initiators, des Zuhörers, des Zupackenden u.s.w.

(vgl. Ringer 1992, 9-10)

Generell lässt sich sagen, dass fast alle Abenteuerspiele geeignet sind, eines der vorher genannten Ziele zu erreichen, bzw. dieses zu thematisieren. Die Unterschiede zwischen den Spielen ergeben sich mehr durch die verschiedenen Anforderungsprofile und Kernproblematiken.

Viele Spiele beinhalten Aufgaben, bei denen die Spieler sich gegenseitig heben oder tragen müssen. Völlig unsportliche Teilnehmer werden durch solche Spiele u. U. mit unlösbaren Problemen oder unnötigen Frustrationen konfrontiert. Deshalb könnte es sinnvoll sein, mit dieser Gruppe vornehmlich Spiele zu spielen, bei denen die Spieler etwas konstruieren müssen oder in Kleingruppen miteinander verhandeln.

Ein Punkt, der später beim Erfinden von Spielen noch ausführlicher aufgeführt wird.

Eine Alternative zu einem einzelnen Spiel bietet die Spielkette. Diese verknüpft die verschiedenen Spiele bzw. Spielideen zu einer eigenen abgeschlossenen Einheit.

Spieleketten

Am Anfang einer Spielkette sollten ein oder zwei Warming-ups stehen, um die Gruppe aufeinander und auf das gemeinsame Tun einzustimmen. Möglicherweise sollte ganz zu Anfang noch ein Kennenlernspiel eingeplant sein, je nachdem, ob die Gruppenmitglieder miteinander bekannt sind. Danach bieten sich einfachere Aufgaben und Übungen zu den fokussierten Bereichen an. Den Mittelpunkt einer Spielsequenz bildet in der Regel eine Abenteueraktion. Es können auch mehrere Abenteueraktionen aufeinander folgen und sich gegenseitig ergänzen, aber dann ist es sinnvoll, immer wieder auch Warming-ups einzuplanen, um den Spielspaß nicht zu kurz kommen zu lassen. Während einer Abenteueraktion darf es ruhig einmal «ernst» oder gar «frustrierend» zugehen, aber wenn die Gruppe ununterbrochen von einer Problemlösungsaufgabe zur nächsten muss, verlieren die Spieler die Lust. Deswegen ist es wichtig, immer wieder Spiele einzubauen, die ein Erfolgserlebnis bescheren, oder bei denen der Spaß ganz oben steht. Den Abschluss einer gelungenen Spielkette sollte stets eine Reflexion bilden, um die Erlebnisse und Erfahrungen der Spieler auswerten zu können. Auswertungsrunden sollten jedoch nicht nur am Ende möglich sein, sondern immer wieder je nach Situation eingeplant werden. Zur Sicherheit sollten auch immer ein bis zwei Ersatzspiele zur Verfügung stehen, falls ein Spiel nicht wie erwartet verlaufen ist, der Zeitrahmen falsch eingeschätzt wurde etc. Dadurch bleibt die Spielleitung flexibel und kann besser auf aktuelle Lern- und Gruppenprozesse eingehen.

Bei der Zusammenstellung einer Spielkette sollte darauf geachtet werden, dass die einzelnen Spiele aufeinander aufbauen. Diesbezüglich gibt es drei verschiedene Möglichkeiten:

1. Thematische Verknüpfung
2. Materialverbindung
3. Rahmengeschichte

1. Diese Verknüpfung ist thematisch, d.h. bestimmte Lösungselemente oder Strategien tauchen im nächsten Spiel wieder auf, erarbeitete Lösungsansätze sind in schwierigerer Form im nächsten Spiel integriert.

Spielkette mit durchgehendem Thema/Problem, durchgehender Aufgabenstruktur

Zielrahmen: Führung

Spiele: Fledermaus und Motte, Blind führen, Blindflug

Fledermaus und Motte

Material: Augenbinden

Ort: freie Fläche für einen Kreis, Raum, Wiese am Waldrand

Anzahl der Spieler: 10-16

Ausgangssituation: Alle Spieler fassen sich an den Händen und bilden einen großen Kreis. Jeweils zwei Spieler treten in die Mitte des Kreises, wobei einer die Fledermaus und der andere die Motte ist. Da eine Fledermaus bekanntlich besser hören als sehen kann, bekommt sie die Augen verbunden, die Motte bleibt sehend.

Aufgabe: Die Fledermaus muss versuchen, die Motte mittels Echolot zu fangen. Jedes Mal, wenn die Fledermaus «Piep!» ruft, muss die Motte mit Mott antworten. Die restlichen Spieler bilden die Außengrenze des Fangbereiches und achten auf die Sicherheit. Sobald die Motte gefangen wurde, werden zwei andere Spieler zu Fledermaus und Motte.

Dieses Spiel ist ein klassisches Warming-up Zusätzlich werden die Teilnehmer spielerisch mit dem Gefühl, nichts sehen zu können, vertraut. Viele Menschen sind es nicht gewohnt auf ihre Sehkraft zu verzichten. Da dies im weiteren Verlauf jedoch eine entscheidende Rolle

spielen wird, ist dies eine Möglichkeit, sich daran zu gewöhnen und es ohne Stress auszuprobieren.

Blind führen

Material: Augenbinden

Ort: interessantes abwechslungsreiches Gelände

Anzahl der Spieler: 2-12

Ausgangssituation: Die Gruppe soll sich in Paaren zusammenfinden. Jedes Paar bekommt eine Augenbinde.

Aufgabe: Die sehende Person soll die «blinde» Person führen. Dabei kann die Spielleitung entweder ein bestimmtes Gelände vorgeben, in dem sich die Paare selber einen Weg aussuchen, sie kann aber auch die zu passierende Wegstrecke vorausgehen und die Paare folgen lassen. Die Führung der «Blinden» kann entweder mit Worten oder durch Berührungen oder mit beiden Möglichkeiten vorgegeben werden.

Reflexion: Die Paare geben sich untereinander Feedback zu der Art und Weise, wie die führende Person ihrer Verantwortung nachgekommen ist und wie sich der Partner dabei gefühlt hat. Das Feedback kann so gestaltet werden, dass die führende Person die Aufgabe erhält, nur zuzuhören und das Gesagte nicht zu kommentieren. So werden typische Rechtfertigungsmuster von Anfang an vermieden. Nach einer Weile sollte dann jedoch auch ein richtiges Gespräch möglich sein. Mögliche Inputs für die Feedbackrunden könnten sein:

Was war das für ein Gefühl, dem anderen blind zu vertrauen?

Wie hast du die Verantwortung als Führer wahrgenommen?

Ist dir deine Rolle schwer gefallen?

Blindflug

Material: Augenbinden, großes Skizzenblatt (Flipchart)

Ort: interessantes, abwechslungsreiches Gelände

Anzahl der Spieler: 3-12

Ausgangssituation: Die Gruppe bekommt anhand einer Zeichnung eine bestimmte Strecke von einem Punkt A zu einem Punkt B erklärt. Anschließend stehen ihr noch 1-2 Minuten zur Verfügung, sich den Plan einzuprägen. Das Gelände ist der gesamten Gruppe unbekannt. Die Gruppe wird zu Punkt A geführt und alle bekommen die Augen verbunden.

Aufgabe: Die gesamte Gruppe muss mit verbundenen Augen von Punkt A nach Punkt B gelangen.

Reflexion: Die Spielleitung legt entweder mit einem Seil oder Ähnlichem den begangenen Weg nach oder nutzt die Planungsskizze als Vorlage für den Weg, den die Gruppe genommen hat. Nun können die Spieler mit bereitliegenden Naturmaterialien (Steine, Blüten, Dornen, Blätter, etc.) den Weg so gestalten, wie sie diesen wahrgenommen haben. Danach hat jeder die Möglichkeit, den anderen Teilnehmern zu erzählen, was die einzelnen Dinge für ihn symbolisieren. Nachdem alle ihre Eindrücke geschildert haben, kann die Leitung einzelne Themen näher beleuchten.

Mögliche Themen können sein:

Wie wirkt sich die Gruppenformation auf die Führung aus?

Woran war zu merken, wer die Führung übernommen hat?

Gab es Unterschiede in der Art und Weise der Führung?

Anmerkung: Besonders Blindspiele werden von den Teilnehmern meistens als sehr intensives Erlebnis wahrgenommen. Deshalb sollte direkt nach dem Spiel die Möglichkeit gegeben werden, sich darüber auszutauschen. Hilfreich ist es dabei, noch einmal zum Ausgangspunkt zurückzukehren und dort die Reflexion durchzuführen. So haben alle die Chance zu sehen, welchen Weg sie genommen haben und das Spiel Revue passieren zu lassen.

In der Vorbereitung ist es immer schwer einzuschätzen, wie schwer oder wie lange die gedachte Strecke ist. Ein Richtwert: Eine Gruppe benötigt für 500 Meter ca. 1 Stunde, wobei freie Flächen ohne markante Punkte, wie Parkplätze oder Lichtungen, die Schwierigkeit stark erhöhen.

2. Eine weitere Möglichkeit der Verknüpfung ist das verwendete Material. Die Aktion kann so aufgebaut sein, dass in allen Spielen z.B. Gymnastikreifen auftauchen, dass dieses Material also die gesamte Spieleinheit hindurch verwendet wird.

Spielkette mit durchgehendem Materialeinsatz (Gymnastikreifen)

Zielrahmen: Kooperation

Spiele: Rettungsringe, Die magischen Reifen, Sternentor

Rettungsringe

Material: Halb so viele Gymnastikreifen wie Spieler, 2 Kappen

Ort: großer Raum oder Wiese

Anzahl der Spieler: 10-30

Ausgangssituation: Die Gruppe verteilt sich innerhalb einer begrenzten Spielfläche, zwei Personen sind Fänger (durch die Kappen besser sichtbar, wer Fänger ist und wer nicht).

Aufgabe: Die Fänger müssen versuchen, die anderen Spieler abzuschlagen. Wenn ihnen dies gelingt, wechseln die Rollen und der gefangene Spieler wird Fänger. Die Spieler können sich aber vor den Fängern schützen, indem sie die Gymnastikreifen weiterreichen. Wer in Besitz eines Reifens ist, besitzt für den Moment Immunität und kann nicht abgeschlagen werden. Durch eine Veränderung der Zahl der Reifen kann das Spiel entsprechend leichter oder schwerer für die Fänger werden.

(vgl. Gilsdorf/Kistner 1995, 44)

Dieses Spiel ist ebenfalls ein klassisches Warming-up, das durch das Weiterreichen der Reifen schon das Thema Kooperation beinhalten kann.

Die magischen Reifen

Material: pro Teilnehmer ein Gymnastikreifen

Ort: großer Raum oder Wiese

Anzahl der Spieler: 6-16

Ausgangssituation: Alle Spieler bilden einen Kreis und fassen sich an den Händen. Die Gymnastikreifen hat dabei jeder über seinen linken Arm gelegt, so dass immer zwischen zwei Spielern ein Reifen ist.

Aufgabe: Die Gruppe bekommt die Aufgabe, dass jeder Spieler durch jeden Reifen schlüpfen muss, ohne dass der Kreis unterbrochen wird und die Spieler ihre Hände loslassen. Die einzelnen Reifen dürfen sich dabei nicht gegenseitig berühren.

(vgl. Gilsdorf/Kistner 1995, 82)

Zwischenreflexion: Die Gruppe stellt sich um einen Reifen, der auf dem Boden liegt. Die Spielleitung gibt nun immer Anstöße in Form von Feststellungen. Die Teilnehmer signalisieren ihre Zustimmung oder Ablehnung, indem sie einen Fuß in den Reifen setzen oder nicht.

Mögliche Thesen können sein:

Die Gruppe hat ihr Vorgehen sorgfältig geplant !

Einige haben einfach losgelegt ohne dass die anderen wussten, was sie vorhaben !

Jeder hatte die Möglichkeit zu Wort zu kommen und sich einzubringen !

Wir haben die Aufgabe gemeinsam gelöst !

Die Gruppe hat gut zusammengearbeitet !

Die Aufgabe hat mir Spaß gemacht !

Wir können uns noch steigern !

Anmerkung: Eine solche Reflexionsmethode lässt sich gut am Anfang einbauen, um ein Stimmungsbild von der Gruppe zu bekommen.

Variante: Alle Spieler haben die Möglichkeit Fragen in Form von Thesen an die Gruppe stellen zu können.

Sternentor

Material: ein Gymnastikreifen

Ort: großer Raum oder Wiese

Anzahl der Spieler: 6-16

Ausgangssituation: Die Gruppe bildet einen Kreis, indem sich alle Spieler an den Händen fassen. An einer Stelle wird nun der Kreis unterbrochen und ein Gymnastikreifen eingesetzt, den die beiden benachbarten Spieler in der Hand halten.

Aufgabe: Die Gruppe soll komplett durch den Reifen steigen, ohne dass die Spieler sich an den Händen loslassen und ohne den Reifen zu berühren.

Variante: Zur Steigerung des Schwierigkeitsgrades kann beispielsweise noch die Regel hinzugefügt werden, dass für jede Person, die den Reifen beim Durchsteigen berührt, jemand anders die Augen verbunden bekommt. Eine andere Möglichkeit ist der Zusatz einer Zeitvorgabe, z.B. die Gruppe hat 15 Minuten Zeit.

(vgl. Senninger 2000, 169)

Reflexion: Die gesamte Gruppe sitzt im Kreis zusammen, in der Mitte liegt der Gymnastikreifen. Alle Spieler bekommen Zettel (in Anlehnung an das Sternentor kann der Zettel auch in Form einer Rakete oder Ähnlichem geformt sein) und Stift und sollen für sich notieren, was sie persönlich zur Lösung dieser Aufgabe beigetragen haben. Im zweiten Schritt legen die Teilnehmer ihre Zettel auf den Boden, wobei die Entfernung zu dem Gymnastikreifen die Zufriedenheit des Einzelnen mit dem Spielgeschehen darstellt. Ist eine Person voll zufrieden, legt sie ihren Zettel in den Reifen, ist sie gar nicht zufrieden, legt sie diesen vor ihre Füße.

3. Bei der Verbindung einzelner Spiele durch eine Rahmengeschichte können sich die einzelnen Spiele durch Aufbau und Material völlig unterscheiden, aber durch eine zusammenhängende Handlung miteinander verbunden sein.

Spielkette mit Rahmengeschichte («Das große Beben»)

Zielrahmen: Kommunikation, Koordination

Spiele: Der magische Stein, Perpetuum mobile, Die Sanduhr

Der magische Stein

Material: Stühle, Kisten, Bauklötzchen, etc

Ort: beliebig

Anzahl der Spieler: 6-12

Ausgangssituation: Alle Spieler stehen vor einem Stapel von Stühlen, Kisten und Klötzchen.

Aufgabe: Aufgabe der Gruppe ist es, dass alle Spieler auf den vorhandenen Gegenständen Platz haben und keiner den Boden berührt. Dabei müssen alle Spieler durch Körperkontakt miteinander verbunden sein.

Nach jedem gelungenen Versuch kommt ein Gegenstand weg bzw. wird durch einen kleineren ersetzt.

Variante: Die Gruppe muss im Vorfeld entscheiden, wie viele und welche Gegenstände sie mindestens benötigt, ohne dies vorher ausprobieren zu können. Ziel ist es, mit wenigst möglichen Gegenständen auszukommen.

Zwischenreflexion: Blitzlicht

Alle Spieler haben die Möglichkeit nacheinander etwas zu sagen, der Gruppe etwas mitzuteilen. Wortbeiträge der einzelnen Spieler sollten, wenn möglich, nicht kommentiert oder diskutiert werden.

Wie war die bisherige Planung der Aktion?

Wurden alle Beiträge der einzelnen Gruppenmitglieder berücksichtigt oder einfach drauflos agiert?

Sind alle zufrieden mit dem Ergebnis der Aktion oder hätte etwas anders laufen können?

Perpetuum mobile

Material: ein Brett (ca. 30x40cm), zwei Stöcke, mindestens 6 Tennisbälle, ein Spielseil

Ort: großer Raum oder Wiese, erhöhter Schwierigkeitsgrad durch leicht abschüssiges Gelände

Anzahl der Spieler: 4-10

Ausgangssituation: Die Gruppe befindet sich mit allen Materialien am Anfang eines am Boden ausgelegten Seils, das die zu absolvierende Wegstrecke bezeichnet.

Aufgabe: Die gesamte Gruppe muss gemeinsam den markierten Weg passieren, aber eine Person X darf dabei nicht den Boden berühren. Die restlichen Mitspieler dürfen ganz normal den Boden berühren aber weder die Person X, noch sämtliche Gegenstände, die Kontakt zu Person X haben.

Reflexion: Die Spieler sollen zunächst einzeln anhand eines Fragebogens ein Gruppenprofil erstellen. Danach werden die Einschätzungen zusammengetragen und besprochen. Ziel ist es, dass die Gruppe einen Plan entwickelt, den alle Spieler versuchen in der nächsten Aktion umzusetzen.

Fragebogen:

Die Gruppe hat sehr gut zusammengearbeitet!

-5 0 +5

Ich bin mit meiner Beteiligung an der Lösung zufrieden!

-5 0 +5

Ich hätte mich gerne mehr in das Gruppengeschehen eingebracht!

-5 0 +5

Die Planungsphase haben wir optimal genutzt, um uns eine Strategie zu überlegen!

-5 0 +5

Wir haben einfach losgelegt, ohne dass alle einen Plan hatten!

-5 0 +5

Die Kommunikation vor und während des Spieles war sehr gut!

-5 0 +5

Ich habe versucht, während des Spieles auf die anderen und ihre Meinungen zu achten!

-5 0 +5

Die Sanduhr

Material: zwei kleine Behälter, evtl. kleinen Küchentrichter, Spielseil oder Fallschirm, Augenbinden, Stoppuhr, Kordel

Ort: großer Raum oder Wiese

Anzahl der Spieler: 6-12

Ausgangssituation: Die gesamte Gruppe bekommt einen Behälter mit Zucker oder Ähnlichem, Kordel, Stoppuhr, Messer und Augenbinden. Sie befindet sich außerhalb einer markierten Fläche (Spielseil oder Fallschirm), in deren Mitte ein leerer Behälter (evtl. mit Trichter) steht.

Aufgabe: Die Gruppe muss nun den Inhalt ihres Behälters in den in der Mitte stehenden Behälter umfüllen ohne die markierte Fläche zu betreten.

Alle Spieler, die aktiv an dieser Umfüllaktion beteiligt sind, d.h. mit dem eigenen Behälter in Verbindung stehen, müssen Augenbinden tragen.

Jeder Spieler darf zusätzlich nur eine bestimmte Zeit (30 Sekunden) aktiv an der Umfüllaktion beteiligt sein, dann muss er an einen anderen Spieler abgeben.

Reflexion: Die Spielleitung legt mit zwei Seilen ein Koordinatensystem auf der markierten Fläche aus. Die x-Achse ergibt sich aus den Polen «Macher» und «Skeptiker» und die Y-Achse bildet das Verhältnis zwischen «Mitzieher» und «Vordenker».

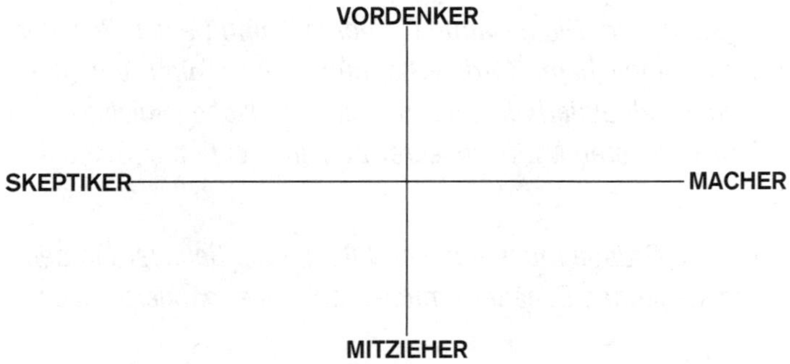

(vgl. Heckmair 2000, 49)

Jeder Spieler soll sich nun innerhalb dieses Systems einordnen und hat die Möglichkeit, den anderen Spielern zu erklären, warum. Mögliche Fragen und Themen, die sich daraus ergeben können sind:

Wie sehe ich mich innerhalb der Gruppe und wie die anderen?

Wie zufrieden bin ich mit meiner Rolle innerhalb der Gruppe?

Woran lag es, dass ich diese Rolle eingenommen habe?

Ist diese Rollenverteilung optimal für unsere Gruppe?

Wie können wir unsere Zusammenarbeit noch verbessern?

Was hat unser Kommunikationsverhalten mit meiner Rolle zu tun?

Manchmal empfiehlt es sich, mehrere Runden zu machen, um zu sehen, wie sich die Rollen innerhalb einer Aktion verschieben können.

Rahmengeschichte

Ich weiß nicht, ob es euch bekannt ist, aber wir befinden uns hier genau auf der Schnittstelle zweier Kontinentalplatten, die ständig in Bewegung sind. Deshalb kann es immer wieder zu kleineren und größeren Erdbeben kommen. Doch dank unseres Seismographen hier kann ich euch immer rechtzeitig warnen, wann es wieder soweit ist.

... Oh Gott, es kommt zu einem Zwischenfall (Der magische Stein). Mein Seismograph zeigt an, dass uns mehrere mittelschwere Beben kurz hintereinander erwarten. Auf diesen Unterlagen seid ihr halbwegs sicher, die sind extra erdbebengerecht konstruiert. Aber leider nur halbwegs! Jedes einzelne Beben reduziert unseren Vorrat. Deshalb müsst ihr euch in der Zeit zwischen den Beben immer wieder neu überlegen, wie ihr es hinkriegt, das niemand dem Erdbeben zum Opfer fällt. Damit keiner verloren geht, müsst ihr noch darauf achten, dass ihr alle miteinander verbunden seid und keiner alleine irgendwo steht, okay?. Ich sag euch dann wann es soweit ist und wann ihr in Sicherheit seid. Alles klar?

So, jetzt aber zu den ersten erfreulichen Neuigkeiten für euch! Hochrangigen Wissenschaftlern ist es gelungen ein Terranova-Serum zu entwickeln, dass in der Lage ist, die Bewegungen der Platten unter uns zu stoppen. Das Problem ist nur, dass es genau in das Zentrum des potentiellen Epizentrum des Riesenbebens geschüttet werden muss. Dieses befindet sich inmitten einer Region mit starker erdmagnetischer Strahlung. Und ihr seid natürlich auserwählt worden, diese heikle Mission zu erfüllen, ... wenn ihr dazu bereit seid!

Eure erste Aufgabe besteht darin, überhaupt in die Nähe dieses Epizentrums zu gelangen (Perpetuum mobile). Da die Strahlungen das Serum (Dose mit Zucker) zerstören würden, muss es in Körpernähe auf einer Schutzplatte (Holzbrett) dorthin transportiert werden. Die anderen dürfen jedoch weder die Person mit dem Serum noch die Schutzplatte berühren und die Person mit dem Serum darf nicht in direkten Kontakt mit dem Boden kommen. Alles klar oder noch mal zusammengefasst. Also:

Eine Person befindet sich mit dem Serum auf der Platte und darf nicht den Boden berühren. Die anderen dürfen ganz normal auf dem Boden gehen, dürfen jedoch weder Serum, Person noch Schutzplatte berühren, da schon die kleinsten Temperaturschwankungen zu einer verminderten Wirkung des Serums führen könnten. Als Hilfsmittel bekommt ihr noch zwei Sonden (Stöcke) und eine Kiste mit Antigravitationskugeln (Tennisbälle), die jeweils jeder berühren darf.

Damit ihr wisst, wo ihr lang müsst, haben wir schon mal ein Seil gelegt, dem ihr folgen könnt bis ihr bei dem Epizentrum seid. Ist die Aufgabe klar oder habt ihr noch Fragen?

Ihr habt es geschafft, doch jetzt wartet der schwierigste Teil eurer Mission auf euch (Die Sanduhr): Das Einfüllen des Serum in das Epizentrum (Döschen mit kleinem Küchentrichter). Die markierte Fläche rund um das Zentrum (Fallschirm) darf jedoch keiner betreten. Als Hilfsmittel bekommt ihr jedoch diese speziell angefertigte Schnur (Paketkordel) sowie ein Messer. Aufgrund der Leitungsfähigkeit dieser Schnur müssen allerdings alle, die bei der Aktion die Schnur festhalten, einen Augenschutz (Augenbinden) tragen. Die Schnur muss alle dreißig Sekunden gewechselt werden, um bleibende Gesundheitsschäden zu vermeiden. Deshalb bekommt ihr auch eine Uhr, für die Einhaltung der Zeitabstände seid ihr selbst zuständig. Eure Mission ist erfüllt, sobald ihr es geschafft habt, das Serum in die Öffnung des Epizentrums zu gießen. Im Namen aller Bewohner dieser Region wünsche ich euch viel Erfolg!

Vorsicht Falle!

Die hier beschriebenen Spielsequenzen beinhalten alle Spiele, die in der Praxis schon erprobt wurden und die auch in dieser Kombination schon erfolgreich eingesetzt worden sind. Dennoch soll hier nicht der Eindruck erweckt werden, dass diese Spielketten nun immer einwandfrei funktionieren. Wie schon erwähnt ist jede Gruppe immer ein ganz neues einzigartiges Gebilde, auf das die einzelnen Spiele angepasst werden müssen. Es kann durchaus passieren, dass sich in der Gruppe auf einmal ein ganz neues Thema bzw. Bedürfnis herauskristallisiert, auf das die Spielleitung nun eingehen muss. Die Rahmengeschichte, die erfunden wurde, um die Gruppe zu motivieren wird von den Teilnehmern als albern und kindisch erlebt. Es stellt sich heraus, dass die Gruppe bei den Blindspielen so sehr damit beschäftigt ist, blind zu sein, dass die Aufgabenstellung der aktuellen Gefühlslage der Spieler nicht gerecht werden kann…

Die hier beschriebenen Reflexionsmethoden und die vorgeschlagenen Fragen sollen lediglich Anhaltspunkte bieten, in welche Richtung eine Auswertung laufen könnte. Es ist auf jeden Fall sinnvoll, sich darüber im Vorfeld Gedanken zu machen, da jeder Spielleiter eine bestimmte Intention verfolgt (und auch verfolgen sollte), warum er dieses Spiel zu diesem Zeitpunkt mit dieser Gruppe spielt. Aber das darf nicht dazu führen, dass die Spielleitung dadurch nicht mehr flexibel und den Bedürfnissen und Wünschen der Teilnehmer entsprechend handeln und reagieren kann. Auch hier gilt das Motto: *Am besten ist ein guter Plan, den man im Bedarfsfall verwerfen kann!*

Das Verändern von Spielen

Spielideen gibt es jede Menge, das wichtigste ist jedoch, diese nicht einfach zu übernehmen, sondern jedes Spiel zu überdenken und an die spezielle Gruppe anzupassen. Hierbei kommt dem Schwierigkeitsgrad des Spiels eine wesentliche Bedeutung zu. Das Niveau sollte so anspruchsvoll wie möglich sein, in einem Bereich, in dem ein Erfolgserlebnis wahrscheinlich bleibt. Der Schwierigkeitsgrad bestimmt, ob die Spieler Flow erleben können oder ob sie über- bzw. unterfordert werden. Über- oder Unterforderung haben häufig sehr negativen Einfluss auf das Spielgeschehen und können sich hinsichtlich des anvisierten Zielrahmens kontraproduktiv auswirken.

Unser Team hatte für eine Gruppe von 12- bis 14 – Jährigen das Spiel »Polarexpedition« vorbereitet. Alle Spieler stehen verteilt auf der Spielfläche in ihrem Rettungsboot (Stuhl, Pappe o.ä.) und müssen die rettende Eisscholle in der Mitte des Spielfeldes erreichen, da die Boote langsam zu sinken drohen. Es ist jedoch nicht möglich, ein Boot zu bewegen, solange sich eine Person auf diesem befindet. Um diese Aufgabe lösbar zu machen, sind im Vorfeld einige Stühle so platziert, dass es möglich ist, von einem Stuhl zum anderen zu hüpfen und den frei gewordenen Stuhl nach vorne zu bewegen. Nach der Präsentation der Aufgabe begannen die Spieler mit der Lösung. Doch irgendwie fehlte dem Spiel der Pepp und einige Spieler warteten etwas gelangweilt und distanziert darauf, von den anderen abgeholt zu werden. Einer aus unserem Leitungsteam führte spontan die Regel ein, dass jeder Stuhl, der nicht von mindestens einem Spieler berührt wird und den er bekommen kann aus dem Spiel genommen wird. Auf einmal bekam das Spiel Tempo, die Spieler waren wieder bei der Sache, mussten sich besser absprechen und hatten Spaß. Im nachhinein habe ich diese Regel übernommen und mit Hilfe des vegetarischen Haifischs eingeführt, der mit Vorliebe morsche Boote frisst, aber jegliche Art von Fleisch verabscheut.

Auch Gilsdorf und Kistner weisen auf diesen Punkt hin und schreiben: *»Spiele sollten nicht als fertige und unveränderliche Gebilde angesehen werden, sondern vielmehr als Anstöße und Anregungen für die eigene kreative Aus- und Weitergestaltung«* (Gilsdorf/Kistner 1995, 26).

Der Schwierigkeitsgrad

Der Schwierigkeitsgrad eines Spieles lässt sich am einfachsten durch Einschränkungen variieren. Mögliche Einschränkungsbereiche sind:

- Einschränkung des Ortes: Die Gruppe bekommt eine kleinere Spielfläche zugewiesen (s. »Platz ist in der kleinsten Hütte«).
- Einschränkung der Zeit: Die Gruppe bekommt zur Lösung einer Aufgabe ein bestimmtes Zeitkontingent, das mehr oder weniger knapp bemessen ist. Durch Zeitdruck kommt es fast immer auch zu einer Einschränkung der Lösungsqualität, der Kommunikation und einer verminderten Rücksichtsnahme innerhalb der Gruppe.
- Einschränkung des Materials: Die Gruppe bekommt weniger Material zur Verfügung gestellt (s. »Polarexpedition«, das Abnehmen der Rettungsboote).
- Einschränkung der Bewegung: Die Gruppe kann sich nicht frei, sondern nur unter Auflagen bewegen, alle halten sich an den Händen (s. »Sternentor«), oder dürfen nur noch ein Bein oder einen Arm benutzen.
- Einschränkung der Wahrnehmung: Die Gruppe oder einzelne Spieler können nichts mehr sehen (s. »Die Sanduhr«).
- Einschränkung der Kommunikation: Die Gruppe muss eine Aufgabe schweigend, flüsternd bewältigen (s. »Blinde Karawane«) oder sich nur pantomimisch ausdrücken.

(vgl. Gilsdorf/Kistner 2001, im Druck)

Ein Klassiker unter den Kooperativen Abenteuerspielen ist sicherlich das »Spinnennetz«. Viele kennen es und haben es schon einmal gespielt. Doch gerade deshalb neigen viele Spielleiter dazu, es nicht mehr einzusetzen, da durchaus die Möglichkeit besteht, dass einer der Teilnehmer den berühmt-berüchtigten Spruch macht: »Das kenn ich schon!« Diese Tatsache ist schade, denn so ein Spiel wie das Spinnennetz ist reich an Variationsmöglichkeiten und bietet unheimlich viele Erlebnischancen. Wichtig ist nur, es dementsprechend umzugestalten und an den Bedürfnissen der Spieler auszurichten.

Handicaps: Die einfachste Art den Schwierigkeitsgrad zu erhöhen ist, wie oben schon erwähnt, die Einführung von Handicaps:

Das Spinnennetz wird oft noch viel intensiver erlebt, wenn die Gruppe während des Spiels nicht sprechen darf. Für viele bedeutet eine solche Regel eine enorme Herausforderung und steigert den Schwierigkeitsgrad der Aufgabe erheblich. Der gleiche Effekt tritt ein, wenn die zu hebende Person »blind« ist. Vielleicht »erblinden« sogar immer diejenigen, die die Person heben, wobei die Einführung dieses Handicaps entsprechende Sicherheitsvorkehrungen verlangt (Hilfestellung durch Sehende, Matten unterlegen,...).

Material: Eine weitere Möglichkeit der Umgestaltung ergibt sich durch den Einsatz von zusätzlichen Spielmaterialien. Bei dem Spinnennetz kann das so aussehen, dass jeder Spieler während der Durchquerung einen Schutzgeist in Form eines Stofftieres dabei haben muss, der immer weiter gereicht werden muss. Aber Spielmaterialien können auch eingesetzt werden, um bestimmte Themen in der Gruppe zu fokussieren. In den meisten Gruppen herrscht ein relativ hoher Gruppendruck, der es den einzelnen Spielern schwer macht, während eines Spiels die Vorgehensweise der Gruppe zu thematisieren. Um den Teilnehmern für einen solchen Einwand Raum und Möglichkeit zu geben, kann ein weiteres Spielmaterial sehr förderlich sein:

Bei dem Spiel »Spinnennetz« wird vorher mit den Spielern vereinbart, dass sie selbst für die Einhaltung der Regeln verantwortlich sind. Es kommt aber häufig vor, dass Spieler es nicht wagen, Regelverstöße wie z. B. das Berühren der Seile anzusprechen. Um diese Hemmschwelle abzubauen, kann der Spielleiter die Teilnehmer auffordern, bei einem Regelverstoß auf einen bereitstehenden Gong zu schlagen. Somit wird schon im Vorfeld geklärt, wie sich die einzelnen Spieler in einem solchen Fall verhalten können, und die Bereitschaft dieses Angebot anzunehmen wird größer, da die Spieler sich nicht verbal äußern müssen, sondern ihren Unmut durch ein bereitstehendes Medium kundtun können.

Ort/Räumlichkeiten: Auch der Ort des Spieles kann zu einer völligen Umgestaltung und Veränderung des Spielverlaufes führen:

Das Spinnennetz wird nicht, wie sonst häufig der Fall, an einem ruhigen abgelegenen Ort in der Natur oder im Garten durchgeführt, sondern mitten auf dem Marktplatz in der Innenstadt. Zur Gewährung der Sicherheit dienen mitgenommene Matten. Das Spiel ist ein völlig anderes durch den Einbezug der Öffentlichkeit. Vielleicht kommt es auch soweit, dass Zuschauer in das Spielgeschehen integriert werden ...

Zeit/Zeitpunkt: Durch den Zeitpunkt oder bestimmte Zeitvorgaben wird letztendlich auch das Spiel verändert bzw. der Schwierigkeitsgrad variiert:

Eine Gruppe bekommt das Spinnennetz präsentiert, mit der Auflage, dass sie insgesamt nur 25 Minuten zur Lösung dieses Problems zur Verfügung hat. Es entsteht eine völlig andere Vorgehensweise und nicht mehr die Qualität der Lösung oder der Spielspaß aller Teilnehmer werden fokussiert, sondern die Konzentration bezieht sich auf die Effektivität der Gruppe, Entscheidungen müssen viel schneller auf den Punkt und zur Ausführung gebracht werden.

Gruppeneinteilung: Das Spinnennetz muss nicht zwangsläufig in der Gesamtgruppe gespielt werden. Es können sich auch Kleingruppen bilden oder die Teilnehmer bekommen die Aufgabe, das Netz paarweise zu überwinden:

»Das Spinnennetz« wird einen ganz anderen Spielverlauf nehmen, führt man anstelle der Regel – jede Person durch eine unterschiedliche Öffnung zuheben, die Variante ein, dass sich jeweils mehrere Personen auf eine Öffnung einigen sollen. Es bedarf einer ganz neu-

en Diskussion innerhalb der Gruppe, in der die einzelnen Spieler Kompromisse schließen müssen, es muss geklärt werden, welche Personen zusammen sich eine Öffnung aussuchen etc.

Spielstruktur: Die Struktur ist eines der wesentlichsten Elemente eines Spiels. Denn die Struktur entscheidet, ob es sich um ein Spiel mit oder ohne Sieger handelt, die Teilnehmer miteinander oder gegeneinander spielen. Die Struktur gibt auch vor, inwieweit das Spiel für sich steht oder mit anderen Spielen verbunden ist:

Die Struktur des Spieles ist beim Spinnennetz eigentlich klar. Es gibt eine Gruppe und die Aufgabe ist es, alle durch das Netz zu manövrieren. Aber das Spinnennetz könnte auch in einen anderen Spielkontext eingebettet werden, bei dem das Erreichen bestimmter Punktzahlen von der Benutzung bestimmter Öffnungen abhängt: Schafft es die Gruppe so oft wie möglich eine der höheren Öffnungen zu durchqueren, erhält sie mehr Punkte als wenn sie die einfacheren in der Mitte oder unten benutzt.

Bewegungsablauf: Ein Spiel kann dadurch variiert werden, dass sich die Spieler nur noch auf bestimmte Weise bewegen dürfen. Der Schwierigkeitsgrad wird verändert, aber auch der Spielspaß:

Jede Person, die durch das Spinnennetz gehoben wird, darf sich in dieser Zeit nicht bewegen, sondern nur stocksteif bleiben. Durch eine solche Spielveränderung wird der Fokus besonders auf den Vertrauensaspekt gelegt, da die Spieler völlig auf die Hilfestellung der anderen angewiesen sind.

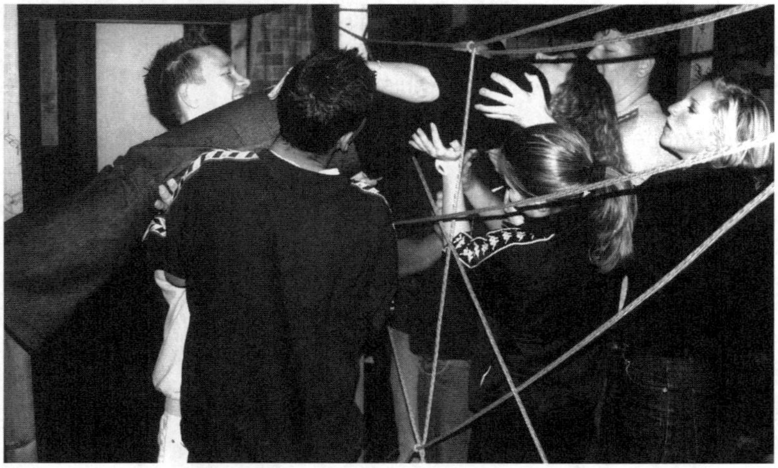

Begrenzungen: Die Spielfeldbegrenzung verändert den Spielverlauf erheblich. Besonders bei Fangspielen ist die richtige Spielfeldgröße von entscheidender Bedeutung, da das Spiel bei einer sehr kleinen Fläche sowie bei einem sehr großen Spielfeld zu schwierig oder zu langweilig wird. Es kommt zu Frustration, Hektik bzw. die Sicherheit der Spieler kann gefährdet sein. Aber auch die anderen Spiele werden durch Begrenzungen beeinflusst:

Bei dem Spinnennetz ist die Größe der Öffnungen von entscheidender Bedeutung. Handelt es sich um riesige Löcher, die jeder ohne fremde Hilfe durchqueren kann ist der Schwierigkeitsgrad dementsprechend gering. Ziel ist es das Netz so zu konstruieren, dass die Aufgabe für die spezifische Gruppe zu schaffen ist, sie aber vor gewisse Probleme stellt.

Phantasie: Durch eine phantasievolle Rahmengeschichte kann der Reiz, sich auf das Spiel einzulassen, enorm gesteigert werden. Eine neue Welt kann entstehen, die weg von der Realität führt und das Hineinschlüpfen in neue Rollen ermöglicht. Doch Phantasie kann sich auch negativ auswirken, wenn die Teilnehmer zu sehr in die Spielwelt involviert sind. Der Spielspaß kann in eine ernste Situation umschlagen, es kommt zu Konflikten und emotionalen Ausbrüchen:

Das Spinnennetz wird plötzlich zu einem letzten Hindernis, um zu einem Schatz zu gelangen, der in der Höhle dahinter versteckt ist. Aber sobald das Netz auch nur einmal berührt wird, erscheint die schreckliche Bestie, die die Hütte bewacht und beginnt die Gruppe langsam einzuwickeln - bei jeder Berührung bekommt ein Spieler Arme oder Beine zusammen gebunden.

Rolle der Spieler: Durch eine Veränderung bzw. Vielfalt der Rollen der Spieler kann die Spielspannung und der Spaß erweitert werden. Es können aber auch ganz neue Themen aufgegriffen und in den Spielverlauf gegeben werden:

Beim Spinnennetz kommt es manchmal vor, dass zwei oder drei Personen alle anderen durch das Netz heben und danach selbst hindurch steigen, während die anderen sich relativ passiv verhalten. Um das zu verhindern, könnte man bewusst verschiedene Rollen in das Spiel einführen. Zum Beispiel muss immer eine Person darauf achten, dass die Seile nicht berührt werden, andere sind für die Reihenfolge zuständig, wieder andere sind dafür verantwortlich, welches Loch wann drankommt und andere haben die Aufgabe die Personen durchzuheben. Durch diese Variation wird zwar die Notwendigkeit sich als Gruppe einigen zu müssen verringert, da nun bestimmte Personen die Entscheidungen treffen, aber dafür sind alle Spieler gefordert und müssen sich vor der Gruppe verantworten. Der Spielverlauf würde sich verändern. Es können auch alle höchstens dreimal am Hebeprozess beteiligt sein, und jeder muss mindestens einmal.

Anhand all dieser Komponenten lassen sich Spiele weitgehend verändern und neu kreieren.

Das Erfinden von Spielen

Manchmal geht es einem in der Planung so, dass man einfach kein Spiel findet, das richtig zu der Gruppe oder in den Kontext passen würde und man am liebsten ein Spiel neu erfinden möchte. Doch wie geht so etwas und worauf muss man achten? Wie wichtig es ist, das richtige Spiel auszuwählen, wurde schon in den vorherigen Seiten erklärt, doch wie ich speziell für meine Gruppe ein neues Spiel erfinden kann, wird nun erläutert. Wahrscheinlich denken viele, dass nur unheimlich kreative Menschen Spiele erfinden können. Zugegebenermaßen gehört ein gewisses Grad an Kreativität und Erfahrung dazu aber viele Dinge basieren auch auf einfachen Schemata, die immer wieder angewendet werden.

Zunächst gibt es natürlich die Rahmenbedingungen Ort, Zeitpunkt und Material. Genauso wichtig wie die entsprechenden Örtlichkeiten, ist es wichtig zu klären, welche Materialien überhaupt zur Verfügung stehen und wann das Spiel gespielt werden soll. Die eigentliche Entscheidung, welche Materialien letztendlich eingesetzt werden erfolgt allerdings erst später. Ort und Zeit werden dagegen ganz zu Anfang geklärt, da diese meistens festgelegt und nicht veränderbar sind.

Räumlichkeiten/Ort	**Zeitpunkt**	**Material**
Wald	Tag	Augenbinden
Wiese	Abend	Bälle
See	nach...	(Softbälle, Tennisbälle, Wasserball)
Bach		Tennisschläger
Spielplatz		Luftballons
Straße	**Zeit**	Gymnastikreifen
Im Haus		Eimer
	5-10 min.	Plastikrohre
	10-30 min.	Schreibmaterial
	45 min.	Witzige Spielutensilien
	<gleich	(Gummihuhn, Quitsch–Enten etc.)
	1 Std.	Bretter und Balken
		stabile Kisten
		Kletterutensilien
		(Seile, Gurte, Karabiner und Schlingen)
		Verkleidungskiste
		Dekorationsmaterial
		Decken und Tücher

Innerhalb dieses Spielraumes soll die zu planende Aktion stattfinden. Im nächsten Schritt geht es darum, sich über die Art des Spiels und dessen Grundprinzip Gedanken zu machen. Gilsdorf und Kistner haben viele Spiele analysiert und kamen zu dem Ergebnis, dass alle Kooperativen Abenteuerspiele spezifische, wesentliche Merkmale haben, die den Kern des Spieles ausmachen:

Kennenlernspiele	**Warming-ups**
Sich selbst oder andere vorstellen Personen/Gegenstände aufrufen Personen/Gegenstände aufzählen Personen/Gegenstände erfragen	Gegenstände fangen Gegenstände werfen Gegenstände weitergeben Fangen und nachlaufen Personen weitergeben Bestimmte Bewegungsabläufe machen
Übungen zur Sensibilisierung (Wahrnehmungsspiele)	**Vertrauensbildende Aktivitäten**
Wahrnehmungen schärfen Körperkontakt herstellen sich und anderen etwas Gutes tun	Führen und geführt werden Halten und Auffangen
Einfache Kooperationsaufgaben	**Komplexe Initiativ- und Problemlösespiele (Abenteuerspiele)**
Raum begrenzen Bewegung realisieren Plätze tauschen Anordnungen herstellen Orte wechseln Hindernisse bewältigen	Objekte suchen Objekte fangen Objekte transportieren Strukturen konstruieren Kontakt herstellen Informationen sammeln und verarbeiten Sachverhalte und Einschätzungen präsentieren Einschätzungen vornehmen
Ressourcen verhandeln	

(vgl. Gilsdorf/Kistner 1995, 26; Gilsdorf/Kistner 2001).

Aus den Rahmenbedingungen und den Vorstellungen über die Art des Spieles, sowie der Auswahl des wesentlichen Merkmales entsteht eine erste Spielidee. Diese wesentlichen Merkmale oder Spielideen werden durch die unterschiedlichsten weiteren Vorgaben und Erwartungen zu einem ersten Gerüst. In dieser Phase ist es nun wichtig, sich über bestimmte formgebende Merkmale des Spieles klar zu werden. Hierzu gehört die Gruppenaufteilung, die Spielstruktur, die Rollenverteilung und die Schwierigkeit/das Problem.

Gruppenaufteilung	**Spielstruktur**	**Rollenverteilung**	**Problem/Schwierigkeit**
-die gesamte Gruppe -Kleingruppen -ein oder mehrere Spieler gegen den Rest der Gruppe -Paare -einzeln	-Lösen einer gemeinsamen Aufgabe -Lösen von verschiedenen Teilaufgaben in Kleingruppen -Spiel mit Sieger und Verlierer -Stationslauf	-Alle sind gleich beteiligt -Führer und Gruppe -Spieler und Beobachter -Aktive und Inaktive	(Siehe «Der Schwierigkeitsgrad»)

Was nun folgt, sind die Detailfragen, die aus dem entstandenen Vorbau ein fertiges Spiel machen. Richtungsweisend sind vor allem die Formation, die Bewegung, die Spielfeldmarkierungen und wiederum das Material. Die Reihenfolge bei dieser Auswahl ist immer situations- und spielabhängig. Während bei einem Fangspiel natürlich die Bewegung eine zentrale Rolle einnimmt, ist bei einem Kennenlernspiel wahrscheinlich die Formation entscheidender.

Formation	Bewegung	Spielfeldmarkierungen	Material
-Sitzkreis -Halbkreis -Reihe/Schlange -Verschiedene Reihen -bewegliche Aufstellung -unbewegliche Aufstellung -keine Vorgaben	-Laufen -Hüpfen -Gehen -Kriechen -Sitzen -Liegen -Stehen -keine Bewegung -keine Vorgaben	-Begrenztes Spielfeld -Verschiedene Spielflächen -freie Spielfläche -enger Raum -weite Wiese ...	-Augenbinden -Bälle (Softbälle, Tennisbälle, Wasserball) -Tennisschläger -Luftballons -Gymnastikreifen -Eimer -Plastikrohre u. s. w. (s. Materialliste)

Nachdem auch diese Dinge feststehen, besteht meistens schon eine ziemlich klare Vorstellung über das eigentliche Spiel und dessen Verlauf. Nun beginnt die »Feineinstellung«, denn oft ist noch nicht alles bedacht worden, stellt sich das Spiel als nur halb so spannend wie vermutet dar. Diese Phase gleicht dem Punkt »Verändern von Spielen«, da die eigentliche Spielidee schon existiert, diese aber noch an die Zielgruppe angepasst werden muss. Typische Variationsmöglichkeiten ergeben sich zum Beispiel aus der Zeit bzw. dem Tempo und etwaigen Handicaps.

Zeit/Tempo	Handicaps
-Schnelligkeit -bestimmte Zeitvorgabe -keine Vorgabe	-«Blind» -«Stumm» -«ohne Arm/Arme» -«ohne Bein/Beine» -mehrere Personen zusammengebunden

Aus dieser Liste, die beliebig zu erweitern ist, lassen sich alte Spiele umgestalten oder neue Spiele erfinden. Zusammengefasst ergibt sich folgendes Schaubild für das Erfinden von Spielen:

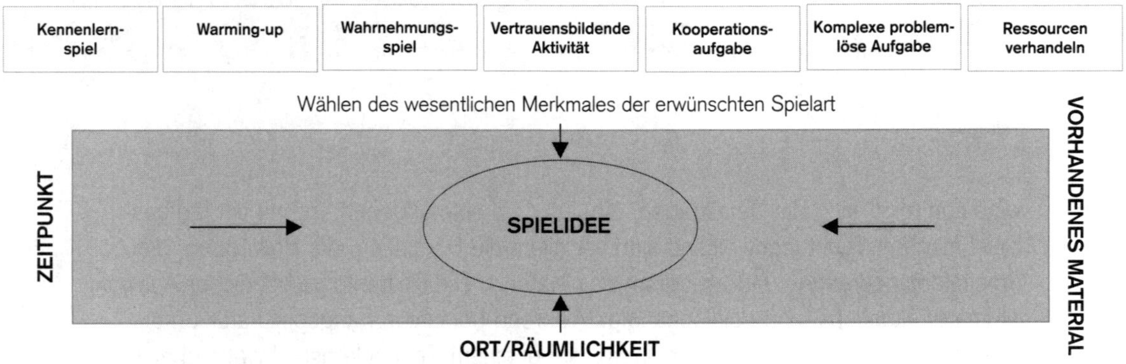

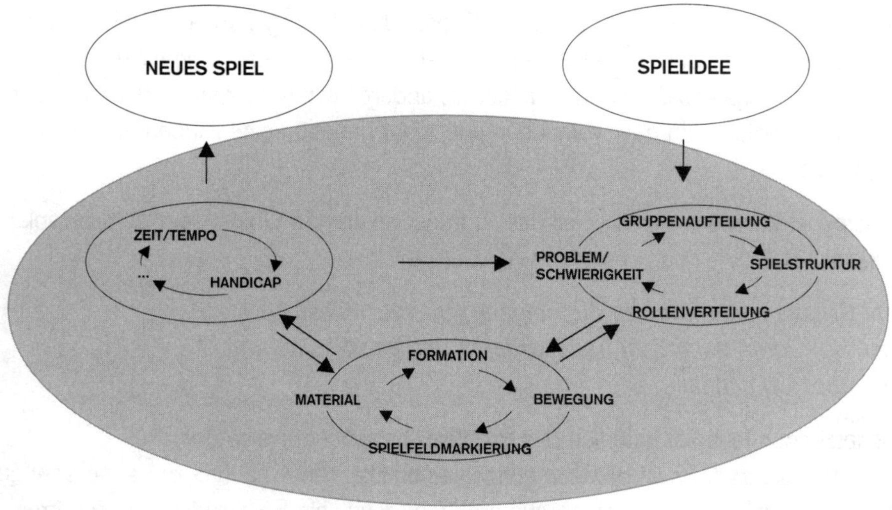

Dieses Modell wirkt zunächst sehr schematisch. Meistens verläuft der Prozess des Spiel-Erfindens in der Tat viel dynamischer und unvorhersehbarer. Meistens bedingt eine Entscheidung die nächste oder durch die Wahl eines bestimmten Bausteines werden andere wieder hinfällig und müssen der neuen Spielidee angepasst werden. Beim Spiele-Erfinden bieten sich unzählige Spielmöglichkeiten und Variationsformen. Aber oft weiß man anfangs gar nicht, wie man beginnen soll und da bietet dieses Schema einen ersten Anhaltspunkt und gibt Hilfen, welche Dinge zu berücksichtigen sind. Ab einem gewissen Punkt sollte sich dann jedoch eine gewisse Eigendynamik einstellen, die Idee selber «laufen lernen». Ansonsten empfiehlt es sich, eher noch mal neu zu starten, da es schwierig ist die zündende Idee zu bekommen, wenn man schon zu lange krampfhaft überlegt hat.

Wie dieses Modell gehandhabt werden kann, wird im Folgenden exemplarisch aufgezeigt:

Um ein neues Spiel zu erfinden, muss man sich zunächst darüber im Klaren sein, was Ziel oder Sinn des Spieles sein soll, um eine geeignete Spielform auswählen und die Struktur das Spiel bestimmen zu können. Der weitere Schritt ist die Festlegung auf Zeitpunkt und Ort. Durch diese Rahmenbedingungen entstehen bereits erste Einschränkungen. Innerhalb dieser ist nun zu überlegen, welche wesentlichen Merkmale das Spiel beinhalten soll. Diese Entscheidungen bilden das Gerüst des neuen Spiels.

Beispiel: Es soll sich um ein Kooperationsspiel handeln und die gesamte Gruppe muss an der Lösung der Aufgabe beteiligt sein.. Des weiteren soll das Spiel auf einer Wiese bzw. im Garten tagsüber gespielt werden. Wesentliches Merkmal des Spieles ist, dass ein Objekt von A nach B transportiert wird.

Jetzt gilt es, dieses Gerüst mit Leben zu füllen, aus den Vorgaben ein Spiel zu formen. Dabei kann es ganz unterschiedliche Herangehensweisen geben. Die einen können sich gut durch Materialien inspirieren lassen, andere setzen bei den Vorgaben zu den Bewegungsabläufen an oder versuchen über die Formation eine zündende Idee zu bekommen.

Ansatzpunkt könnte in diesem Fall das zu transportierende Objekt sein, zum Beispiel ein kleiner Ball.

Die gesamte Gruppe bekommt also die Aufgabe auf einer Wiese einen kleinen Ball von A nach B zu transportieren und es soll sich um ein Kooperationsspiel handeln.

Was jetzt noch fehlt, ist natürlich das Problem, beziehungsweise der Schwierigkeitsgrad. Es ist denkbar einfach einen Ball von A nach B zu tragen oder zu werfen. Ein Problem kann sich daraus ergeben, dass kein Spieler den Ball berühren darf, weder mit den Händen oder Füßen noch auf irgendeine andere Art und Weise. Damit wäre der Schwierigkeitsgrad wiederum zu hoch, da es außer der Telekinese keine weitere Möglichkeit gibt, es sei denn, die Gruppe bekommt zusätzlich noch Spielmaterialien, um den Ball auf irgendeine Weise zu befördern. Man könnte dann jedem Spieler einen Plastiktennisschläger in die Hand geben und den Zusatz einführen, dass der Ball weder einen Spieler noch den Boden berühren darf.

Das Spiel sieht bisher also so aus: Die Gruppe hat auf einer Wiese die Aufgabe, einen kleinen Ball von A nach B zu transportieren, wobei der Ball nicht berührt werden und nicht auf den Boden fallen darf. Als Hilfsmittel bekommt jeder einen Plastiktennisschläger.

Die Grundidee des neuen Spiels steht soweit. Will man zusätzlich den Kooperationsgedanken integrieren, erteilt man den Spielern folgende Anweisung: Jeder Tennisschläger darf erst erneut benutzt werden, wenn alle anderen nach ihm den Ball gespielt haben. Davon ausgenommen ist die Person, die das Spiel beginnt. Ein weiteres Problem könnte sein, dass die Spieler einfach auf die Idee kommen, den Ball direkt mit einem Schlag von A nach B zu »transportieren«, was natürlich nicht möglich ist, wenn sich B um eine kleine Schüssel handelt, die von A aus nicht einsichtig ist. Der Spielwitz könnte sich durch etliche weiteren Vorgaben ergeben. Zum Beispiel dadurch, dass die zur Verfügung stehende Zeit begrenzt ist, oder immer mehrere Spieler aneinander gebunden sind. Der Schwierigkeitsgrad könnte auch dadurch gesteigert werden, dass nicht alle Spieler einen Tennisschläger haben, sondern diese immer wechseln müssen. Während der Aktion dürfen die Spieler nicht miteinander reden, sondern dürfen nur die Silbe »Bla« benutzen, um miteinander zu kommunizieren. Das ganze natürlich deshalb, weil sich die Gruppe im Blubberland befindet, um einen verlorengegangenen Blubb wieder zurück in sein Nest zu bringen ohne ihn zu berühren, da er sonst nicht mehr von seiner Mutter angenommen werden würde. Das Spiel sieht dann wie folgt aus:

Ihr befindet euch auf einer wichtigen Mission im Blubberland. Um dem König zu gefallen und seine Gunst zu erwirken, müsst ihr viele

gute Taten vollbringen. Zu eurem Glück liegt hier ein kleiner Blubb, der aus seinem Nest gerollt ist und nicht mehr zurück kann. Das ist eure Chance! Eure Aufgabe besteht nun darin, diesen Blubb wieder zu seiner Mutter in das Nest zu bringen. Damit diese ihn aber wieder annimmt, dürft ihr ihn nicht berühren. Dass er nicht auf den Boden fallen darf, weil er davon große Verletzungen mit sich tragen kann, versteht sich wohl von selbst. Als Hilfsmittel bekommt ihr fünf Blubberschläger. Jeder Spieler darf einen der Schläger aber erst benutzen, wenn vor ihm alle anderen an der Reihe waren. Um den kleinen Blubb nicht zu ängstigen, dürft ihr bei der Aktion nur flüstern und nur die Silbe »Bla« benutzen, um mit den anderen zu kommunizieren. Habt ihr die Aufgabe verstanden oder sind noch Fragen offen?

Oft ist der Anfang einer Spielerfindung zäh und mühselig, aber auf einmal platzt der Knoten und die Ideen und Verfeinerungen ergeben sich von selbst. Deshalb ist es schwer, ein Schema zu präsentieren, nachdem jedes Mal ein tolles neues Spiel entsteht. Vielmehr ergeben sich in der Praxis noch gar nicht bedachte Probleme und das Spielgeschehen entwickelt sich völlig anders als geplant. Aber auch wenn es nicht möglich ist, ein Spiel vollständig im Vorfeld zu planen ist es wichtig, sich als Leitung die verschiedensten Möglichkeiten im Spielverlauf vorzustellen und in die Planung mit einzubeziehen.

Eine der wichtigsten Fragen ist oft die, welche Sanktion folgen soll, wenn eine Regel nicht eingehalten wird oder die Gruppe die Aufgabe nicht erfüllt. Denn ohne jegliche Sanktion verliert eine Regel ihren Sinn, speziell bei Teilnehmern, die es nicht gewohnt sind, sich ohne mögliche Konsequenzen an etwas zu halten, wodurch das Spiel auf den ersten Blick nur schwieriger wird. In dem oben beschriebenen Beispiel wäre deshalb zu bedenken, ob die Gruppe wieder von vorne anfangen darf, wenn der Blubb den Boden berührt hat, denn eigentlich wäre die Aktion dann zu Ende. Entscheidet man sich für eine Rahmengeschichte, sollte sie von Anfang bis Ende stimmig bleiben, damit die ganze Spielaktion keinen Bruch erleidet. Unstimmigkeiten in der Rahmengeschichte können von den Spielern u. U. als störend empfunden werden und sie dazu veranlassen, das Spiel zu boykottieren. Für solche Fälle könnte die Gruppe instruiert werden, einen vorher vereinbarten Zauberspruch zu rufen, der das Geschehene rückgängig macht und einen Neubeginn ermöglicht.

Wenn es passiert, dass der Blubb auf den Boden fällt oder ihr ihn berührt, bekommt ihr eine Chance, die ihr auf der Erde nicht hättet. Dadurch, dass ihr ganz laut Blubberland ruft und wieder von vorne anfangt, könnt ihr das bis dahin Geschehene rückgängig machen.

Oft sind es gerade diese Feinheiten, die ein Spiel ausmachen und deshalb wichtig sind.

Exkurs: Spiele «aus dem Ärmel schütteln»

Anhand der wesentlichen Merkmale der Spiele und den Optionen zur Veränderung des Schwierigkeitsgrades ist es mit etwas Phantasie und Geschick auch möglich, Kooperationsspiele oder Abenteueraktionen «aus dem Ärmel zu schütteln».

Tagtäglich gehen wir von einem Punkt zudem anderen, überwinden dabei Hindernisse (auch eine Tür oder eine Treppe können schon eine Barriere darstellen) oder konstruieren etwas. Es fällt uns nur nicht auf bzw. nicht schwer, weil es recht einfach geht und wir nicht eingeschränkt sind. Und das ist der Punkt. Durch eine einfache Einschränkung können alltägliche Dinge plötzlich zu einer kniffligen Geschichte werden, die man nur mit der Unterstützung der ganzen Gruppe lösen kann.

Ein Zelt aufzubauen ist nicht schwierig, aber was ist, wenn ich in meiner Wahrnehmung eingeschränkt bin und z.B. nichts mehr sehe?

In einer Gruppe haben wir mal abends gekocht. Um die Sache ein bisschen peppiger zu gestalten, haben wir zwei Kleingruppen gebildet, die jeweils für die andere ein Kochspiel entwickeln sollte. Das Ergebnis sah folgendermaßen aus: Drei Personen kochten das Hauptgericht während sie durch eine Kordel in einer der hinteren Gürtelschlaufen miteinander verbunden waren und die Hände aneinander gebunden hatten. Die andere Kleingruppe, bestand aus zwei Personen. Eine konnte nichts sehen, die andere hatte ihre Hände in den Hosentaschen. Auf diese Weise bereiteten die beiden Personen die Suppe zu, inklusive sie zu würzen.

Zum Auftakt eines Seminars hatte ich die Treppe zum Seminarraum mit Mehl bestreut. Als die Gruppe dann kam, erzählte ich ihnen, dass die Treppe grade verputzt wird und ich vom Hausmeister nur unter der Bedingung die Erlaubnis zur Benutzung bekommen habe, dass jede Stufe maximal zweimal berührt wird. Gar nicht so einfach bei einer Gruppe von 12 Personen.

All dies sind Beispiele, wie alltägliche Übungen durch eine spielerische Einschränkung zu einem klassischen Kooperativen Abenteuerspiel werden können. Es gibt eine Fülle solcher Möglichkeiten, um aus dem Nichts ein Spiel herzuzaubern. Und wenn es nicht klappt oder zu langweilig ist, kann man vielleicht durch die anderen formgebenden Merkmale noch etwas verändern. Der Versuch lohnt sich!!!

Wenn sich der Rahmen bietet, sollte ein Spielerfinder unbedingt sein Spiel im Vorfeld einmal testen. Vielleicht gibt es im Freundeskreis ein paar Enthusiasten, die gerne bereit sind, sich auf ein neues Spiel einzulassen. Dadurch ist es möglich, erste Erfahrungen mit dem Spiel zu sammeln, es zeigt sich, auf welche Dinge die Spielleitung zu achten hat, welche Regeln unsinnig sind u.s.w. Oft ist es so, dass man für ein Spiel eine bestimmte Lösung im Kopf hat und nun versucht, die Regeln dementsprechend zu gestalten. Aber das Faszinierende an diesen Spielen ist, dass es mei-

stens noch ganz andere Lösungen gibt und die Gruppen sich auf die verschiedensten Arten verhalten und auf das Spiel reagieren können.

Im Rahmen einer Aktion hatten Günter Kistner und ich ein Spiel entwickelt, bei dem die Gruppe auf einer Wiese ein Tischfeuerwerk anzünden sollte. Dieses befand sich mittig in einem Kreis von etwa 5m Durchmesser, der nicht betreten werden durfte. Als Hilfsmittel bekamen die Spieler ein Feuerzeug, eine Fackel und Kordel. Das Spiel verlief ganz gut, aber nicht alle Spieler waren an der Problemlösung beteiligt. Auf einem anderen Wochenende wollte ich eine ähnliche Aktion mit Freunden durchführen. Da es jedoch zu windig war, beschloss ich, das Spiel zu variieren und anstelle des Feuerwerks ein Teelicht in einem winddichten Glas in die Mitte des Kreises zu stellen und der Gruppe einen kleinen Behälter und einen Liter Wasser zu der Kordel zu geben, mit der Aufgabe, damit die Kerze zu löschen. Das Ergebnis war, dass die Spieler das Wasser nahmen, zielten und es quer über der Tabuzone ausschütteten und damit auch das Teelicht auslöschten. Die Aufgabe war in weniger als fünf Minuten gelöst. Damit war klar, dass Wasser völlig ungeeignet, aber auch das Feuer nicht optimal für dieses Spiel geeignet war. Bei einem dritten Versuch stellte ich einen kleinen leeren Behälter mit einem Küchentrichter in die Mitte und gab der Gruppe den gleichen Behälter gefüllt mit Zucker. Aufgabe war es nun, diesen in das leere Döschen in der Mitte eines am Boden liegenden Fallschirms zu schütten, ohne den Fallschirm zu berühren. Um die Aufgabe noch zu erschweren, sollten alle an der Aktion unmittelbar beteiligten Spieler eine Schutzbrille tragen, durch die sie de facto nichts sehen konnten. Da bei den anderen Spielversuchen immer nur ein Teil der Gruppe aktiv an der Problemlösung beteiligt war, führte ich bei dieser Variante die Regel ein, dass die Spieler alle 30 Sekunden ihre Positionen wechseln mussten. Das Spiel war ein voller Erfolg, die Gruppe war gefordert und alle wurden an der Lösung beteiligt. So entstand »Die Sanduhr« (s. Spielkette mit Rahmengeschichte)

Anschließend noch einige Grundregeln zum Erfinden von Spielen, die es beim Erfinden von Spielen zu beachten gilt:

- Damit ein Spiel nicht langweilig und einseitig wird, ist es wichtig, die Machtpotentiale auszubalancieren. Alle Spieler sollten aktiv beteiligt und gefordert sein.
- Bei Aufgabenstellungen, insbesondere bei Bewegungsabläufen und Körperkontakt sollte die Spielleitung darauf achten, ob bzw. inwieweit dies den Spielern angenehm ist.
- Alle Spieler sollten die Möglichkeit haben, frei über ihre Teilnahme zu entscheiden und gegebenenfalls auch während des Spielverlaufes der Gruppe signalisieren können, dass etwas nicht in Ordnung ist. Dieses Signal sollte im Vorfeld vereinbart werden und kann durch ein Symbol mit dem Spiel verbunden werden. Spannend ist es, die Gruppe vorab selbst entscheiden zu lassen, wie sie auf diesen möglichen

Spielverlauf reagieren möchte (Abbruch des Spiels, weiterspielen ohne die betreffende Person, Auszeit, ...).

Anhand der Checkliste »Aktion« lässt sich abschließend noch einmal überprüfen, ob die ausgewählten Aktivitäten/Spiele zur Gruppe passen oder nicht. Diese Liste umfasst die Punkte:

A ngemessenheit

K lima innerhalb der Gruppe

T ransaktionsmuster

I ntention

O rganisation der Gruppe

N atürliche Rahmenbedingungen.

Angemessenheit	Ist die Gruppe bereit für das Spiel, besitzt sie alle erforderlichen Fähigkeiten? Inwieweit ist die Aufgabe herausfordernd, d.h. besteht die Möglichkeit des Erfolges?
Klima innerhalb der Gruppe	Wie ist die Gruppenatmosphäre, existiert ein »Wir – Gefühl« in der Gruppe, welche Stimmung herrscht in der Gruppe? Gibt es Spannungen innerhalb der Gruppe?
Transaktionsmuster	Wie verhält sich die Gruppe, wie ist der Umgangston? Sind die Spieler in der Lage zusammenzuarbeiten? Gibt es spezielle positive oder negative Interaktionsmuster, auf die Rücksicht genommen werden sollte, z.B. die Angewohnheit der Gruppenmitglieder, sich ins Wort zu fallen, ohne Absprachen zu agieren?
Organisation der Gruppe	In welcher Gruppenphase befindet sich die Gruppe? Handelt es sich um eine heterogene oder homogene Gruppe? Ist diese auf Dauer angelegt oder nur befristet? Sind die Teilnehmer freiwillig gekommen? Handelt es sich um eine formelle oder informelle Gruppe? Welche Auswirkungen haben diese Faktoren?
Intention	Inwieweit bezieht sich die ausgewählte Aktivität auf den vorher definierten Zielrahmen, lassen sich die Ziele der Spielleitung, der Gruppe und der einzelnen Spieler durch sie erreichen oder nicht?
Natürliche Bedürfnisse der Gruppe	Ist die Gruppe in der richtigen körperlichen Verfassung? Werden auf alle natürlichen Bedürfnisse wie Hunger, Müdigkeit, Kälte. Rücksicht genommen?

(vgl. GRABBS Modality Check List, Schoel u.a. 1988, 80)

Diese Checkliste ermöglicht eine abschließende Betrachtung und Bewertung des Spieles bzw. der zusammengestellten Spielkette. Erst wenn die hier formulierten Fragen zufriedenstellend beantwortet werden können, sollte in der Planungsphase fortgefahren werden. Ansonsten empfiehlt es sich, die Spielauswahl noch einmal zu bearbeiten und zu verändern.

Ein wichtiger Aspekt, den ich bei der Spielauswahl und Gestaltung noch betonen möchte, ist das eigene Gefühl: Die Spielleitung sollte nur Spiele planen, die sie selbst gut findet und von denen sie sich vorstellen könnte sie zu spielen. Sobald ein ungutes, unsicheres oder mulmiges Gefühl bei einem bestimmten Spiel entsteht, ist das ein Zeichen dafür, dass das Spiel noch nicht optimal ist. Die Wahrscheinlichkeit, dass das Spiel ein Misserfolg wird, ist dann relativ hoch. Die zentralen Fragen in dieser Phase ist deshalb: Hätte ich selber Lust dieses Spiel zu spielen? Habe ich Lust dieses Spiel anzuleiten? Denn nur wenn diese Fragen mit Ja beantwortet werden können, besteht die Möglichkeit, die Spieler für dieses Spiel zu motivieren, sie zu begeistern.

Die Rahmengeschichte

Nachdem genügend Spiele ausgewählt, umgestaltet oder erfunden worden sind, kann es reizvoll sein, diese in eine Rahmengeschichte einzubetten. Eine Rahmengeschichte, welche die einzelnen Segmente in einen Sinnzusammenhang stellt, erhöht den Aufforderungscharakter für die Spieler. Die Teilnehmer erleben selbst ein Abenteuer, sie sind auf einmal Höhlenforscher oder Wissenschaftler. Gleichzeitig wird auch die Realität des Spiels intensiviert, was zu einer gesteigerten Bereitschaft der Teilnehmer führen kann, sich auf neuartige Situationen einzulassen.

Wenn man sich im Rahmen einer Indianergeschichte nur kriechend durchs Gras bewegen darf, ist das für Indianer »normal«, doch für Azubis einer Versicherungsanstalt eher untypisch.

Bei der Auswahl der Rahmengeschichte sollte die Spielleitung versuchen, auf die Spieler einzugehen und eine Geschichte aussuchen, die diese als ansprechend und animierend empfinden. Die Schatzsuche ist ein absoluter Klassiker und kann stets einfach in eine übergeordnete Handlung eingebaut werden. Aber es kommt immer wieder vor, dass die Teilnehmer schon so viele fiktive Schatzsuchen hinter sich haben, dass sie diese nicht mehr als reizvoll erleben. Vielleicht ist es ja auch möglich, dass die Spieler Computerexperten sind, die versuchen müssen einen weltweiten Computercrash zu verhindern.

Für eine Maßnahme, die während der Zeitumstellung stattfand, sollten die Spieler versuchen Mr. Time (eine Superheldhandpuppe) zu helfen, die letzte verfügbare Reservestunde (der oben beschriebene Behälter mit Zucker) in die Ur – Sanduhr zu füllen, um den Verlust der einen Stunde rückgängig zu machen. Am Ende der Aktion bekamen alle Teilnehmer einen Gutschein über eine Stunde Zeit, den sie jederzeit einsetzen können, falls sie das Gefühl haben, keine Zeit für etwas zu haben.

Die Handlung selbst kann also ganz unterschiedlich sein. Aber falls man sich für den Einsatz einer Rahmengeschichte entschließt, sind bestimmte Dinge bzw. Details zu beachten.

Zunächst einmal ist es wichtig, dass die Handlung in sich stimmig ist. Es versetzt einem als Spieler immer einen richtigen Dämpfer, wenn man eingetaucht ist in eine Story und auf einmal feststellt, dass die Handlung nicht mit dem eigenen Handeln zusammenpasst. Deshalb spielt man am besten im Vorfeld die ganze Spielkette im Geiste noch mal durch und überlegt sich, wie die einzelnen Elemente miteinander verbunden werden können, wie wichtige Materialien in die Handlung integriert und Regeln aus Sicht der Rahmengeschichte plausibel werden. Dabei kann die Geschichte selbst ruhig völlig verrückt sein, wichtig ist, dass alle Spielelemente ihren Platz haben und innerhalb des Rahmens Sinn machen.

Es ist nicht schlimm, wenn in der Geschichte auf einmal ein depressiver Riese auftaucht, dem die Gruppe helfen muss, weil dieser sonst eine ganze Stadt mit seinen Tränen überfluten würde. Wenn so die Story lautet ist das okay und kann gerade durch seine Absurdität noch animierend und motivierend wirken. Doch unpassend und störend kann es wirken, wenn irgendwelche Brennelemente eines Atomkraftwerkes, die unter keinen Umständen berührt werden dürfen im nächsten Spiel Stöcke sind, die alle bekommen, um die nächste Aufgabe lösen zu können. Das passt nicht und die Spieler werden aus ihrer Spielwelt herausgerissen.

In diesem Kontext ist es auch wichtig, dass sich die Leitung Gedanken über mögliche Spielverläufe macht und diese in die Geschichte einbettet.

Schwierig wird es, wenn die Leitung ein Spiel als zu überwindendes Hindernis präsentiert, das vom Aufbau so konzipiert ist, dass alle Spieler etwas machen müssen und einer oder mehrere aus der Gruppe scheitern an dieser Aufgabe (z.B: alle Gruppenmitglieder müssen ohne fremde Hilfe über ein Seil balancieren). Für solche Fälle könnte dann schon im Vorfeld ein Joker oder eine spezielle »Rettungsfee« eingeführt werden, die notfalls gerufen werden kann, denn ansonsten befindet sich die Leitung auf einmal in einer prekären Lage. Einerseits hat sie die Rahmengeschichte forciert, um die Gruppe zu motivieren und andererseits ist die Gruppe nun durch die Vorgabe geteilt worden und es entsteht ein Bruch, sowohl inhaltlich als auch in der Gruppe.

Betrifft das Scheitern die gesamte Gruppe bzw. entsteht es durch ein bestimmtes Handeln der Gruppe, kann dies zum Anlass einer Zwischenauswertung genommen werden. Manchmal ist es auch sinnvoll, das Spiel ganz abzubrechen, um in die Reflexionsphase einzusteigen.

Ein weiterer wichtiger Faktor für den Erfolg einer Rahmengeschichte ist das Material, das eingesetzt wird. Meistens sind die Teilnehmer noch zu sehr in ihrem Alltagstrott verwurzelt, um sich auf irgendwelche Phantasiegeschichten einzulassen oder tun sich generell schwer damit. Während Kinder schnell irgendeinen Stock als schlafenden

Drachen betrachten können, ist diese Gabe vor allem Erwachsenen oft verloren gegangen und sie brauchen einen stärkeren Stimulus oder Input. Deshalb ist es von Vorteil, wenn man als Spielleitung versteht, Geschichten flexibel durch geeignetes Spielmaterial auszubauen und den Spielern dadurch den Einstieg in die Spielwelt zu erleichtert. Es ist immer wieder erstaunlich wie viel in dieser Hinsicht schon durch kleine Details erreicht werden kann.

Im Rahmen einer Klassenfahrt einer achten Schulklasse hatten wir die Idee alle Spiele irgendwie mit Hasen in Verbindung zu setzen, da wir noch einen riesigen Sack voller Karotten übrig hatten, die keiner essen wollte. Ein Fangspiel wurde zum »Hasenrasen«, Das Kennenlernspiel zu »Mein Name ist Hase«. Bei jeder Aktion hatten wir genügend Möhren dabei, Moderationen wurden nur noch mit »Möhrophon« durchgeführt u.s.w. Innerhalb einiger Tage wurden Möhren so zum beliebtesten Spiel- und Lebensmittel bis am vierten Tag unser ganzer Vorrat aufgegessen war.

Die Schüler hätten sich vielleicht nie auf so einen »Kinderkram« wie »Hase und Igel« eingelassen, doch durch den konsequenten Einsatz unserer Möhren fiel es ihnen viel leichter in unsere »Roger Rabbit World« einzutauchen.

Dasselbe gilt für das räumliche Ambiente. Durch Decken, Tücher, Gerüche, Musik u.s.w. kann die Leitung ganz bewusst die Stimmung variieren und die Spieler animieren, sich auf ein Spiel einzulassen.

Es lässt sich viel besser Ritter spielen, wenn man sich in einem Gewölbe befindet, oder der Raum nur durch Kerzenschein erhellt wird. Indianer brauchen ein Zelt, u.s.w.

Aber der Einsatz von Rahmenhandlungen hat auch Nachteile. Durch die Rahmenhandlung werden die Möglichkeiten der Leitung eingegrenzt, auf unerwartete Situationen reagieren zu können. Solche Situationen können entstehen, wenn beispielsweise ein anderes Thema als dies von der Leitung erwartet wurde in der Gruppe auftaucht oder die Leitung auf einmal eine interessante Lernchance für die Spieler erkennt. In dieser Situation muss die Leitung dann abwägen, inwieweit sie in der Sprache des Spiels intervenieren kann, ein Time-out macht und für einen befristeten Zeitraum die Spielebene mit der Gruppe verlässt oder das Spiel so weiterlaufen lässt ohne einzugreifen.

Die Vorbereitung

Hat der Spielleiter aufgrund der Informationsaufnahme eine Spielauswahl getroffen, diese an die Gruppe angepasst und evtl. eine Rahmengeschichte entwickelt, gilt es, diese so entstandene Spieleinheit in die Tat umzusetzen. Die Spiele sollten soweit wie möglich vorbereitet werden, um einen reibungslosen Ablauf zu ermöglichen. Dadurch kann sich die Spielleitung ganz auf das aktuelle Spielgeschehen konzentrieren und wird nicht dadurch abgelenkt, dass das nächste Spiel arrangiert werden muss.

Zu dieser Vorbereitung zählt auch die Organisation der Materialien. Benötigte Utensilien sollten bereitgestellt und einsatzbereit gemacht werden. Speziell bei technischen Geräten empfiehlt sich ein Testversuch, um etwaige Zwischenfälle zu vermeiden. Des weiteren fällt in diese Phase die Gestaltung des Spielortes. Wie schon erläutert, kann dieser enormen Einfluss auf den Spielverlauf haben. Prinzipiell sollte der Ort so gestaltet werden, dass sich die Spieler wohl fühlen und deren Sicherheit gewährleistet ist.

Nachdem dies geschehen ist, bietet es sich an, die ganze Einheit im Geiste noch mal durchzugehen. Habe ich an alles gedacht? Bin ich auf etwaige Zwischenfälle eingestellt? Was mache ich, wenn...? Falls die Spielleitung aus mehreren Personen besteht sollten diese die Aktion aufeinander abstimmen: Haben alle die Spiele gleich verstanden? Gibt es noch unterschiedliche Auffassungen? Wer ist für was zuständig? Eine gute Abstimmung im Vorfeld kann die spätere Durchführung erheblich erleichtern und vereinfachen.

Zusammenfassung – Die Planungsphase

- Informationen über die Gruppe sammeln (Alter, Gruppengröße, Zusammensetzung, etc.)
- Besichtigung der Örtlichkeiten, des bereitstehenden Materials
- Zeitkontingent klären
- Eigene Ziele/Erwartungen und mögliche Ziele der TeilnehmerInnen bedenken
- Auswahl einer passenden Spielidee, bzw. mehrerer Spielen
- Evtl. Anpassung der Spiele an die Rahmenbedingungen
- Spiele als Rohmaterial verstehen und hemmungslos verändern und variieren
- Anpassung des Schwierigkeitsgrades an das Niveau der Gruppe
- Niveau so anspruchsvoll wie möglich halten, in einem Bereich, in dem ein Erfolgserlebnis wahrscheinlich bleibt
- Verknüpfung der einzelnen Spiele zu einem Ganzen
- Entwickeln einer angemessenen Präsentation
- Auseinandersetzung mit möglichen Einflussfaktoren der Rahmenbedingungen Ort, Zeit und Material
- Schaffen eines möglichst animierenden, motivierenden Settings
- Einer Atmosphäre, die sich vom Alltagsgeschehen abhebt
- Entwicklung und Vorbereitung von Alternativen
- Vorbereitung der Spielsequenz und evtl. Absprache im Leitungsteam (Rollenverteilung)

Exkurs Sicherheit

Exkurs Sicherheit

In den letzten Jahren wurden die Sicherheitsstandards für erlebnispädagogische Aktionen immer wieder thematisiert und verbessert. Während dies bei den klassischen Arbeitsfeldern wie Klettern, Seilaktionen u.s.w. schon lange fester Bestandteil fachlicher Diskussionen ist, besteht diesbezüglich bei Kooperativen Abenteuerspielen noch ein großer Nachholbedarf. Nur langsam entwickeln sich Vorschläge und Anregungen, um auch für dieses Medium ein hohes Maß an Sicherheit gewährleisten zu können. Immer wieder kommt es besonders bei diesen «unspektakulären» Aktionen zu Unfällen, die zwar in den seltensten Fällen schwerwiegend, aber oft genug schmerzhaft und teilweise auch unnötig sind. An dieser Stelle möchte ich auf einige dieser Sicherheitsvorschläge etwas näher eingehen und anhand der bekanntesten Spiele erläutern.

«Die Mauer» ist ein unheimlich gutes Kooperationsspiel, das besonders durch seine Einfachheit besticht – die ganze Gruppe muss über ein gespanntes Seil ohne es zu berühren. Aber speziell dieses Spiel ist eines der gefährlichsten, da es immer wieder zu Verstauchungen, Bänderverletzungen etc. kommen kann, wenn die einzelnen Spieler über das Seil gehoben werden. Ein Spiel, das «in seiner Urform nicht verletzungsfrei durchgeführt werden kann» (Siebert, Gatt 1998, 27). Gründe dafür sind meistens die Seilhöhe bzw. die bereitgestellten Hilfsmittel sowie ein fehlendes Sicherheitskonzept.

In vielen Büchern wird eine Seilhöhe von 1 1/2 Metern vorgeschlagen, die die Spieler mithilfe eines Balkens überqueren sollen. Eine solche Aufgabenstellung beinhaltet schon ein gewisses Gefahrenpotential, da sie zur Konsequenz hat, dass jeder Spieler in dieser Höhe auf einem nicht fixierten Balken von der Gruppe gehalten werden muss. Dazu kommt die Anspannung während des Spieles, die leicht zu unbedachtem Aktionismus führen kann.

Konsequenz daraus ist, dass viele Spielleiter dieses Spiel nicht mehr spielen, was bedauerlich ist. Denn die Spielidee selbst ist faszinierend einfach und lässt sich zudem fast überall einsetzen. Alternativ zu einem Verzicht auf «die Mauer» ist eine Veränderung der Rahmenbedingungen. Das Seil muss nicht notwendigerweise in Schulterhöhe der Spieler gespannt sein. Für die Aufgabenstellung reicht es völlig aus, wenn es sich in Hüfthöhe befindet, gerade so, dass die Spieler nicht mehr einzeln drübersteigen können. Zusätzlich sollte ein absolutes Sprungverbot bestehen, d.h. die Spieler dürfen nicht ohne fremde Hilfe über das Seil. Bei dieser Variante fällt auch der Balken weg. Falls die Spielleitung eine solche Aufgabe als zu leicht empfindet, ist eine mögliche Variante noch der Regelzusatz, dass sich alle Spieler während des Spiels immer an den Händen halten sollen.

Eine ganz neue Variante dieses Spiels besteht darin, auf die Schnur zu verzichten. Die Gruppe muss ein unsichtbares Hindernis überqueren, ohne es zu berühren. Anhaltspunkte für die Höhe und Position der Barriere ergeben sich aus der Pantomime der Spielleitung, die darüber wacht, dass diese nicht berührt wird.

Bei dem Spiel «Das Spinnennetz» ergibt sich ein Gefahrenmoment immer dann, wenn die einzelnen Spieler durch die verschiedenen Seilöffnungen gereicht werden. Agiert die Gruppe nicht vorsichtig genug und lässt die betreffende Person fallen, kann es im ungünstigsten Fall dazu kommen, dass der Spieler mit dem Hals in dem Seil hängen bleibt. Um bei solchen Fällen Verletzungen zu vermeiden bietet es sich an, anstelle von normalen Seilen Schnüre zu benutzen, die sich bei Belastung dehnen (Gummischnur oder Litze). Durch deren Verwendung kann es nicht zu schmerzhaften Aufprallen kommen, sondern der Sturz wird durch die nachgebende Schnur noch gedämpft.

Viele fest installierten Netze sind so konstruiert, dass die Seile in einem Rahmen, bestehend aus vier miteinander befestigten, Balken verspannt sind. Der untere Balken stellt ein ganz klares Sicherheitsrisiko dar, da die Spieler bei einem Fall u. U. auf diesem aufprallen. Da dieser Balken nicht unbedingt vonnöten ist, um ein Spinnennetz zu konstruieren, sollte dieser auf jeden Fall entfernt bzw. auf diesen von Anfang an verzichtet werden.

Bei dem Spiel «Nebel von Avalon» kommt es immer wieder zu Schürfwunden an den Waden und Beinen, wenn die Spieler versuchen, sich an dem von der Gruppe gespannten Seil entlang zuhangeln und dabei abrutschen. Eine Möglichkeit, diese Stürze zu eliminieren, ist der Gebrauch eines Klettergurtes. So gesichert kann sich die hangelnde Person voll auf die Bewegung konzentrieren und muss dabei nicht mehr ihr gesamtes Körpergewicht halten. Dadurch sind auch weniger sportliche Spieler in der Lage, diese Aufgabe zu übernehmen.

Wie schon in dem Kapitel «Einflussfaktoren – Ort» erwähnt, ist ein weiterer wichtiger Punkt die Bodenbeschaffenheit. Bei allen Spielen, in denen Personen getragen, hochgehoben oder transportiert werden, sollte der Untergrund möglichst weich sein (Wiese, Sand, Rindenmulch, Moos etc.): Es dürfen keine harten oder spitzen Gegenstände wie Steine oder Wurzeln aus dem Boden ragen.

Generell lassen sich folgende Leitsätze für die Arbeit mit Kooperativen Abenteuerspielen formulieren:

1. Die Aufgaben sollten so beschaffen sein, dass die Spieler ein subjektives Risiko wahrnehmen, die tatsächliche Gefährdung aber so gering wie möglich ist!

Bei Spielaktionen dieser Art kann es trotz gewissenhafter Sicherheitsvorkehrungen immer wieder zu Unfällen kommen. Die Spielleitung sollte für sich jedoch stets eine Risikoabwägung vornehmen: In welchem Verhältnis steht der zu erwartende Nutzen bzw. Lerneffekt zu dem Risiko, das durch die Aktion besteht? Inwieweit ist die Aufgabenstellung adäquat oder kann eine weniger riskante Variante nicht den gleichen Effekt erzielen (siehe «Die Mauer»)?

2. Die Spielleitung sollte immer von dem ungünstigsten Fall ausgehen um das Sicherheitsrisiko so weit wie möglich zu minimieren!

Meistens passieren immer genau solche Unfälle, mit denen wirklich keiner gerechnet hat. (siehe «Das Spinnennetz»).

3. Die Spiele sollten so konzipiert sein, dass auch Menschen mit weniger körperlichen Fähigkeiten die Aufgabe bewältigen können, ohne dabei eine Verletzungsgefahr zu riskieren!

Besonders Kooperative Abenteuerspiele bieten die Möglichkeit, erlebnispädagogische Aktionen durchzuführen, ohne sportliches Können vorauszusetzen. Deshalb sollte dieser Vorteil auch genutzt werden (siehe «Nebel von Avalon»).

4. Die Teilnahme sollte immer auf Freiwilligkeit basieren, es gilt das «Challenge by Choice»-Prinzip!

Neben der physischen Gefährdung darf auch eine mögliche psychische Verletzung nicht unterschätzt werden. Selbst die erfolgreiche Meisterung einer Aufgabe kann bei einem entsprechenden Angstpotential negative Auswirkungen haben!

5. Im Zweifelsfall hat die Sicherheit der Teilnehmer immer Vorrang vor anderen pädagogischen Überlegungen!

Während der Aktion sollte sich die Spielleitung immer in der Nähe der Gefahrenpunkte aufhalten, um notfalls Hilfestellung zu geben. Dadurch wird zwar der Handlungsspielraum der Gruppe eingeschränkt, aber das ist immer noch besser als ein Bänderriss oder eine schmerzhafte Prellung eines Teilnehmers!

6. Für jede Aktion sollte ein Sicherheitskonzept existieren (Art der Hilfestellung, erlaubtes und verbotenes Verhalten u.s.w.)!

Neben der Lösung des präsentierten Problems sollte die Gruppe auch immer die Aufgabe bekommen, ein Sicherheitskonzept zu planen, mit dem alle Teilnehmer einverstanden sind. Solange einige Spieler die geplante Aktion noch als zu riskant ansehen, kann die Gruppe nicht anfangen.

7. Die Spielleitung sollte nur solche Aktionen durchführen, für die sie die entsprechende Qualifikation bzw. Kompetenz besitzt!

Die meisten Kooperativen Abenteuerspiele erfordern kein spezielles Fachwissen über sicherheitstechnische Dinge. Aber es gibt eine Reihe von Spielen, die den Gebrauch von Kanus, Fahrrädern oder Klettermaterialien vorsehen. In solchen Fällen muss die Spielleitung mit deren Handhabung vertraut sein und den höchst möglichen Sicherheitsstandard gewährleisten können.

8. Die Spielleitung sollte immer in der Lage sein, reagieren zu können, falls ein Unfall passiert!

Hierzu gehören neben einem ausreichenden Wissen über entsprechende Soforthilfemaßnahmen, dem Erste-Hilfe-Koffer vor Ort auch die Möglichkeit, professionelle Hilfe anfordern zu können (Telefon in der Nähe, Handy).

9. Eine ständige Überprüfung der eigenen Sicherheitsmaßnahmen!

Unfälle und Zwischenfälle sollten, wenn sie denn passiert sind, immer zum Anlass genommen werden, die eigenen Vorkehrungen zu reflektieren und zu verbessern. Nur durch eine solche Aufarbeitung können immer wiederkehrende Fehler beseitigt werden.

Die Präsentations-phase

Die Präsentationsphase

«Wie man in den Wald ruft, so schallt es heraus» (deutsche Volksweisheit)

Für ein Konfirmationswochenende hatten wir im Leitungsteam ein neues Abenteuerspiel erfunden. Es ging darum, von einer eingegrenzten Fläche (der «Insel») aus mehrere Schlüssel zu bergen, die auf kleineren Bäumen in der Nähe versteckt waren. Das Problem war, dass eine Person immer nur einmal die Strecke zwischen den Bäumen und der «Insel» mit den Füßen auf dem Boden passieren durfte und am Ende die gesamte Gruppe wieder innerhalb der eingegrenzten Fläche stehen musste. Als Hilfsmittel waren vorhanden: Bandschlingen und Karabiner an den Schlüsselbäumen, und ein dickes Tau, das innerhalb der begrenzten Fläche lag. Wir präsentierten das Spiel so den Spielern, beantworteten alle Verständnisfragen und übergaben das Problem der Gruppe. Es dauerte keine fünf Minuten und die Aufgabe war für die Gruppe gelöst, denn anstatt einer von uns erwarteten Gruppendiskussion, welche Person sich am besten an dem Tau entlang hangeln könnte, marschierten immer zwei Personen huckepack zu dem Schlüssel, wechselten die Positionen und kehrten um. Durch die Präsentation entwickelte sich das Spiel völlig entgegen aller Planung, aber die Gruppe hatte sich an die bestehenden Regeln gehalten. Dadurch, dass wir vergessen hatten, hinzuzufügen, dass immer nur eine Person die Begrenzung verlassen darf, konnte das Spiel diesen Verlauf nehmen.

Anhand dieses Beispiels wird deutlich, welchen enormen Einfluss die Präsentationsphase auf das Spielgeschehen nimmt. In dieser Phase muss die Spielleitung die Gruppe instruieren und animieren. Aufgabe und Regeln müssen klar dargestellt und gleichzeitig muss die Gruppe motiviert werden, die Aufgabe anzugehen. Im Folgenden werden zunächst Instruktion und Animation näher erläutert und verschiedene Einsatz- und Präsentationsmethoden vorgestellt. Danach folgen Hinweise bezüglich Art und Weise der Moderation und auf welche formalen Dinge zu achten sind.

Instruktion

Die Instruktion von Abenteuerspielen und -aktionen unterscheidet sich von der Vermittlung anderer Spiele in einem wesentlichen Punkt:

Ziel ist es, den Teilnehmern die Aufgabenstellung zu verdeutlichen, um das Spiel der Gruppe übergeben zu können!

Nach der Präsentationsphase sollte die Gruppe im Mittelpunkt stehen und die Spielleitung idealerweise die Rolle eines aktiven Beobachters einnehmen. Es ist wichtig, alle wichtigen Regeln vorab zu klären, um das Spielgeschehen nicht zu beeinträchtigen. «Sind die Instruktionen einmal abgeschlossen, bzw. vom Gruppenleiter als ausreichend erachtet worden, sollten keine weiteren Erklärungen gegeben werden, um nicht wichtige Experimente und damit Selbsterfahrungen der Teilnehmer zu unterbinden» (Reiners1993, 60).

Dafür ist eine klare und präzise Darstellung der Ziele, Regeln und Grenzen notwendig. Die Spielleitung sollte sich hierbei eher sachlich-nüchtern verhalten. Gegebenenfalls kann es notwendig sein, bestimmte Bewegungsabläufe vorzuführen. Generell gilt bei der Instruktion aber der Vorsatz: Soviel wie nötig und so wenig wie möglich! Denn neben dem Ermüdungseffekt und der nachlassenden Konzentration und Motivation, die durch zu lange Instruktionen erfolgen können, leben die meisten der Kooperativen Abenteuerspiele von ihrer Offenheit und der Vielfalt an Möglichkeiten. Es gibt nicht die richtige Lösung für diese Spiele, sondern jede Gruppe findet ihre Lösung. Um dies zu gewährleisten, dürfen etwaige Lösungen nicht bereits durch die Instruktion vorweggenommen oder nahegelegt werden. Inwieweit die Spielleitung diesen Vorsatz beherzigt hängt aber auch von der Gruppe, dem Schwierigkeitsgrad und der Dauer der Spielsequenz ab.

Bei der Vermittlung der Regeln ist es möglich, diese mit der Gruppe abzusprechen. Es ist immer sinnvoll, ein Signal einzubauen, mit dem jeder Spieler jederzeit seine Unzufriedenheit während des Spieles ausdrücken kann. Aber wie die Gruppe darauf reagieren möchte, kann in den Aufgabenbereich der Gruppe gelegt werden. Genauso verhält es sich mit Regelüberschreitungen. Es kann sinnvoll sein, die Konsequenz einer Regelüberschreitung mit der Gruppe abzusprechen bzw. die Entscheidung der Gruppe zu überlassen. Dadurch werden die Spieler mehr an dem Spielprozess beteiligt und fühlen sich von der Leitung ernst genommen.

Häufig sind die Spieler es nicht gewohnt, selbst solche Entscheidungen zu treffen und manchmal fühlen sie sich dadurch auch überfordert. In diesem Fall bietet es sich an, der Gruppe verschiedene Alternativen bei einem Regelverstoß vorzuschlagen. Die Gruppe muss sich nur noch entscheiden und nicht selbst etwas ausdenken. Alternativen können z.B. sein:

- Bei einem Regelverstoß muss die gesamte Gruppe von vorne anfangen
- Alle direkt am Verstoß Beteiligten müssen neu anfangen
- Minuspunkte bzw. Strafzeiten
- Bei jedem Regelverstoß wird einem Spieler die Augen verbunden oder mehrere Spieler werden mit den Beinen aneinander gebunden
- Der Regelverstoß wird ignoriert und die Gruppe macht einfach weiter

Genauso verhält es sich mit dem Schwierigkeitsgrad. Auch dieser kann mit der Gruppe verhandelt werden und die Spieler entscheiden selbst, wie schwer die Aufgabe werden soll. Bei bestimmten Spielen kann dieser Prozess nach jedem Spieldurchlauf wiederholt werden. Immer wenn die Gruppe die Aufgabe geschafft hat, lädt die Spielleitung sie ein, die gleiche Aufgabe unter erschwerten Bedingungen zu wiederholen. Dieser Vorgang kann so lang wiederholt werden, bis die Gruppe mit ihrer Leistung zufrieden ist und keine Möglichkeit mehr sieht, den Schwierigkeitsgrad zu steigern. Sobald dies geschieht, kann das Spiel beendet werden.

Ein gutes Beispiel ist «Der magische Stein»: Die Gruppe bekommt verschiedene Holzklötze und hat die Aufgabe, sich so auf die Klötzchen zu verteilen, dass mehrere Sekunden lang niemand den Boden berührt. Nach jedem Versuch kann die Spielleitung anbieten, einen Holzklotz zu entfernen und so die Aufgabe schwieriger zu machen. Dies wird so lang wiederholt, bis die Gruppe keine Steigerungsmöglichkeit mehr sieht.

Neben der Vermittlung von Zielen, Regeln und Grenzen, die für jede Gruppe unterschiedlich sind und mit dieser verhandelt werden können, gehört zu der Instruktion die Vermittlung von Sicherheitsaspekten. Diese können kein Bestandteil von Verhandlungen sein, sondern sind festgelegt und die Spielleitung hat darauf zu achten, dass alle notwendigen Aspekte erläutert und verstanden worden sind.

Im Anschluss an die Darstellung der Ziele, Regeln und der Sicherheitsaspekte sollten die Spieler die Möglichkeit haben, Fragen zu stellen. Die Präsentationsphase ist die Phase, in der die Spieler im Vorfeld das Spielgeschehen beeinflussen, bestimmte Dinge in Frage stellen oder verschiedene Regeln diskutieren können. Sind alle Fragen geklärt worden, sollte sich die Spielleitung vergewissern, dass alle Teilnehmer das Spiel so verstanden haben, wie es geplant war. Hier bietet es sich an, die wichtigsten Aspekte des Spiels kurz zusammenzufassen und zu wiederholen. Jetzt wird das Spiel an die Gruppe übergeben und die Spielleitung zieht sich aus dem Spielgeschehen zurück. Manchmal kann es auch angebracht sein, die Gruppe explizit zu fragen, ob sie bereit ist, die Aufgabenstellung anzunehmen. Dazu kann vorab ein Zeichen vereinbart werden, das signalisiert, dass das Spiel beginnt und Gruppe und Aufgabe nun im

Mittelpunke des Geschehens stehen. Manchmal kann es auch angebracht sein, zusätzliche Beobachterrollen zu schaffen. Zum einen, weil vielleicht nicht alle Teilnehmer bereit oder in der Lage sind mitzuspielen, und zum anderen im Hinblick auf die Reflexionsphase, da mehrere Beobachter die Auswertungsrunde bereichern können.

Für die Vermittlung von Spielen, bei denen Spaß neben anderen Zielen einen übergeordneten Stellenwert einnimmt, ist ein anderes Schema relevant, das die einzelnen Schritte der Präsentation darstellt:

Erkläre: Beschreibung des Spiels, Erklärung der Regeln.

Mach es vor: Eine kurze Demonstration ist meistens viel effektiver als eine lange Erklärung, durch das Vormachen klären sich viele Fragen von selbst.

Frag nach: Oft kommt es vor, dass die Spieler noch nicht alles verstanden haben, sich aber nicht trauen nachzufragen. Deshalb vor Beginn nocheinmal Fragen zum Spiel stellen, sich vergewissern, dass die Grundzüge verstanden worden sind.

Fang an: Selbst wenn noch nicht alle Fragen geklärt sind, meistens verstehen die Spieler das Spiel am besten, indem man einfach anfängt zu spielen. Wenn es dann immer noch zu Fragen kommt, kann das Spiel unterbrochen werden.

Pass es an: Die Spielleitung sollte darauf achten, dass die Spieler Spaß haben und dass das Spiel funktioniert. Ansonsten muß das Spiel verändert und an die Gruppe angepasst werden.

(vgl. Rohnke/Butler 1995, 60)

Dieses System ist eine Richtschnur für Spiele, die am Anfang einer Spielkette stehen und der Auflockerung dienen, um die Spieler aufeinander einzustimmen und eine angenehme Atmosphäre zu fördern. Es wäre wohl ungewöhnlich, einen Vertrauensfall durchzuführen, wenn nicht alle Spieler sich über das Spiel im Klaren sind oder ein Abenteuerspiel zu beginnen, wenn die Gruppe noch über die Regeln diskutiert. Dennoch ist dieses System für Warming-ups oder Spiele zur Entspannung nach sehr anspruchsvollen Aufgaben sinnvoll, da es alle wichtigen Aspekte der Instruktion beinhaltet, und diese Spiele eine wichtige Rolle innerhalb einer Sequenz Kooperativer Abenteuerspiele besitzen.

Ein schönes Spiel ist «Tic und Tac». Dabei gibt der Spielleiter einen Gegenstand zu seinem linken Nachbarn mit den Worten: «Das ist Tic». Dieser muss dann fragen: «Wer ist das?» Antwort: «Das ist Tic». Daraufhin gibt dieser Spieler den Gegenstand weiter und der Dialog fängt von vorne an, wobei die Frage immer wieder bis zum Spielleiter zurückgeht und dieser mit «Das ist Tic» antwortet, worauf auch die Antwort zu der Person weitergegeben wird, die zuerst gefragt hat. Wenn die Spieler das Spiel verstanden haben, kann die Spielleitung nun einen zweiten Gegenstand rechts herum weiterge-

ben mit den Worten: «Das ist Tac». Ein gutes Spiel, das sich besonders nach anstrengenden Reflexionen eignet, um die Spannung zu lösen. Doch das Spiel lebt vom entstehenden Chaos und darum sollte es zu Beginn lediglich kurz erklärt werden. Beginnt die Spielleitung, das Spiel in allen Details zu erörtern, verliert es seinen Reiz.

Animation

In der Präsentationsphase spielt neben der Instruktion auch die Animation eine große Rolle. Man muss das Spiel richtig «verkaufen». Die Spielleitung hat die Aufgabe, die Neugierde bei den Spielern zu wecken, sie zu motivieren sich auf das Spiel einzulassen. Diese Spannung sollte innerhalb einer angenehmen Atmosphäre entstehen. Dabei kann die Spielleitung verschiedene Methoden anwenden. Wie zuvor schon dargestellt, können hierbei auch die Materialauswahl, die Ortsgestaltung und Rahmengeschichten eine große Rolle spielen, wobei besonders letztere auch ihre Nebeneffekte haben können.

So z. B. beim «Spinnennetz»: Die Erklärung, eine Berührung des Netzes wecke eine große Spinne, veranlasst meist einige Spieler dazu, erst einmal kräftig am Netz zu rütteln. Sei es um einfach die Reaktion der Spielleitung zu testen oder um sich in den Mittelpunkt zu stellen. Eine Möglichkeit darauf zu reagieren ist die ganze Gruppe aufzufordern auch einmal an dem Netz zu rütteln. Dazu kann man dann beispielsweise sagen: «So, ihr seht, es ist nur ein normales Seil und nichts passiert. Aber gleich wenn das Spiel anfängt, ist es dann wieder das Spinnennetz und ihr sollt darauf achten, dass ihr es nicht berührt, weil ihr sonst die Spinne weckt.» Dadurch kommen alle bereits mit dem Seil in Kontakt, die Spielleitung hat eine Reaktion gezeigt und sowohl das Verhalten der Personen relativiert, die gegen die Regel verstoßen haben, als auch gleichzeitig die Regel beibehalten.

Um diese Reaktionen zu minimieren, sollte ein Umfeld geschaffen werden, das es den Spielern erleichtert, sich auf die fiktiven Rahmenhandlungen einzulassen. Hier spielt die Liebe zum Detail eine wichtige Rolle. Die Spieler nehmen diese sehr aufmerksam wahr und schätzen es einfach, wenn Geschichte, Ortsgestaltung und Materialauswahl eine Einheit ergeben. Bei dem Spinnennetz ist es bereits sehr wirkungsvoll, wenn man an eine Ecke eine kleine Plastikspinne hängt oder Schilder davor stellt, mit der Aufschrift «Achtung Riesenspinne!». Gerade solche Kleinigkeiten besitzen einen hohen Animationseffekt und ermöglichen es den Spielern, sich auf die Rahmenhandlung einzulassen.

Bei der Annimation durch Warming-ups spielt besonders Spaß eine wichtige Rolle. Warum sonst sollten Menschen wohl Dinge tun, die offensichtlich unsinnig und albern sind. Die Antwort lautet, weil es so aussieht, als ob es Spaß macht. Darum sollte die Spielleitung den Spielspaß in der Präsentation verdeutlichen. Dies geht am besten, indem man die Spiele vormacht. Besonders bei sehr albernen Spielen ist dies der Fall.

Bei dem Spiel Ah-So-Ko-Zenkarate geht es darum, bestimmte karateähnliche Bewegungen zu machen und dabei laut zu schreien. Um den Teilnehmern die Scheu davor zu nehmen, sollte der Spielleiter dies am besten zunächst selbst demonstrieren.

Dadurch büßt er keineswegs seine Autorität ein. Vielmehr zeigt er den Spielern damit, dass dieses Verhalten Spaß macht und lädt sie ein das gleiche zu tun.

Ein weiterer Gesichtspunkt bei der Animation ist der Einsatz von Humor. Humor kann hervorragend geeignet sein, eine steife, unsichere Anfangsatmosphäre aufzulockern. Geht es beispielsweise darum, sich an den Hände zu fassen und merkt die Spielleitung, dass dies manchen in der Gruppe unangenehm ist, kann sie dies auf witzige Art ansprechen und die Spannung dadurch lösen.

Doch Humor wirkt sich u. U. auch negativ aus. Nicht immer kann es angebracht sein, durch Späße die Spannung und Nervosität der Spieler zu vertreiben. In herausfordernden Situationen, z.B. wenn gerade eine Person durch das oberste Loch des Spinnennetzes gereicht wird, können Witze und Späße unangebracht sein, da sie die Spieler ablenken und den Ernstcharakter der Situation verharmlosen. Witze, welche die Sicherheit der Spieler in Frage stellen, sind immer unangebracht, da diese die notwendige Atmosphäre der Sicherheit und des Vertrauens untergraben und die Spieler ablen-

ken und verunsichern. Bereits vorhandene Ängste verstärken sich und Nervosität und Unsicherheit, die durch den Witz beseitigt werden sollten, nehmen zu.

Ein beliebtes Beispiel hierfür sind Sprüche, wie «Ich hoffe du bist gut versichert» oder «Na dann probieren wir mal aus, ob der Knoten hält». Dies mag Personen, die mit der Materie vertraut sind nicht schockieren oder verunsichern, aber meistens sind die Teilnehmer schon genug verunsichert und bedürfen eines solchen Humors wirklich nicht.

Besonders an Wendepunkten innerhalb der Spielkette, z. B. bei einer ersten Vertrauensübung nach einigen Warming-ups, ist der Umgang mit Witzen und Spaß ein schwieriger Faktor. Einerseits wurde der Spaßfaktor forciert und andererseits ist es nun Aufgabe der Spielleitung, ein Spiel zu präsentieren, das ein gewisses Maß an Ernsthaftigkeit und Konzentration erfordert. Dies ist ein Grenzfall. Die Spielleitung sollte versuchen, beide Aspekte, Vertrauen und Spaß zu berücksichtigen. Aber auch hier hat die Sicherheit Priorität und gegebenenfalls muss die Leitung intervenieren und auf die Ernsthaftigkeit des Spieles hinweisen

Bei allen Möglichkeiten und Methoden der Animation muss folgendes Kriterium besonders hervorgehoben werden: Die Kongruenz der Spielleitung. Es ist nur möglich, die Spieler zu etwas zu animieren, wenn man dabei «echt» wirkt. Spaß und Humor leben von Spontaneität und Überzeugungskraft. Deshalb sollte die Spielleitung nicht versuchen Spiele anzuleiten, wenn sie diese selber als unangenehm empfindet. Die Spieler würden dies sofort bemerken. Spaß am Spiel lässt sich am ehesten vermitteln, wenn die Spielleitung mit «ganzem» Herzen dahinter steht. Es wirkt wenig überzeugend, sich zu verstellen oder den «Spaßmacher» zu mimen, wenn dies nicht zur eigenen Person passt.

Verschiedene Präsentationsmethoden

Wie oben dargestellt, sind die entscheidenden Faktoren der Präsentation die Instruktion und die Animation. Bei der Gewichtung und Schwerpunktsetzung dieser Faktoren gibt es jedoch ein Spektrum an verschiedenen Präsentationsmethoden, die vom reinen Instruieren, bis hin zu einer Präsentation reichen, in der die spielerische Gestaltung die vorherrschende Rolle spielt.

1. Einfache Präsentation

Instruktion der Aufgabe, Beschränkung auf eine Erläuterung der Regeln und der Ausgangssituation.

Eine einfache Präsentation des Spinnennetzes:

> *Vor euch seht ihr ein aus Seilen geknüpftes Netz. Eure Aufgabe ist es nun, dass ihr es als Gruppe schafft, alle durch die einzelnen Öffnungen zu kommen ohne die Seile zu berühren. Jede Öffnung darf jedoch nur einmal benutzt werden. Falls eine Person ein Seil berührt gibt es drei verschiedene Möglichkeiten.*
>
> *Erstens: alle müssen wieder von vorne starten.*
>
> *Zweitens: alle, die direkt oder indirekt (also durch eine andere Person) an der Seilberührung beteiligt waren, müssen zurück.*
>
> *Drittens: nur die Person, die direkten Kontakt mit dem Seil hatte, muss neu starten.*
>
> *Die Aufgabe ist dann beendet, wenn alle auf der anderen Seite stehen. Für die Regeleinhaltung seid ihr selbst verantwortlich. Ich werde die Aktion nur beobachten. Bitte überlegt jetzt zuerst wie ihr die Regelauslegung haben wollt und wie ihr darauf reagieren möchtet. Als Einigung zählt aber nur ein einstimmiges Ergebnis, ihr müsst euch also vorher genau absprechen. Wenn ihr soweit seid, gebt ihr mir ein Zeichen und die eigentliche Aktion fängt an. Haben alle die Aufgabe verstanden oder bestehen noch Fragen. ... .Ansonsten ist es jetzt eure Aufgabe.*

Der Vorteil einer Beschränkung auf die Instruktion ist die Offenheit der Aufgabe. Die Spielleitung ist nicht festgelegt, sondern kann immer auf das Spielgeschehen reagieren. Die Teilnehmer wählen ihre eigenen Schwerpunkte und Diskussionsthemen, auf welche die Spielleitung dann in der Reflexion eingehen kann. Bedingung für ein solches Vorgehen ist aber eine schon im Vorfeld motivierte Gruppe, bzw. eine sehr animierende Aufgabenstellung. Die Aufgabe muss von sich aus schon so reizvoll für die Gruppe sein, dass die Spielleitung auf andere Animationsmethoden wie Rahmengeschichten, Symbole, Verwandlungen verzichten kann, oder die Gruppe ist so motiviert, dass weitere Motivationsversuche überflüssig oder sogar negativ für das Spielgeschehen sind.

Durch die Reduktion auf die Instruktion der Regeln bekommt das Spiel eine Art Ernstcharakter, alle spielerischen Elemente werden bewusst ausgelassen.

2. Fokussierte Präsentation

Instruktion der Aufgabe, Erläuterung der Regeln und der Ausgangssituation sowie der beabsichtigten Zielsetzung der Spielleitung, klare Anweisung, worauf die Gruppe achten soll.

Eine fokussierte Präsentation könnte beispielsweise so lauten:

Vor euch seht ihr ein aus Seilen gespanntes Netz. Eure Aufgabe ist es, dass ihr es als Gruppe schafft, alle durch die verschiedenen Öffnungen zu transportieren, ohne ein Seil zu berühren. Jede Öffnung darf jedoch nur einmal benutzt werden. Falls ein Seil berührt wird, muss die gesamte Gruppe wieder von vorne anfangen. Beendet ist die Aufgabe dann, wenn alle auf der anderen Seite stehen. Ziel dieser Übung ist es, dass ihr die Art und Weise, wie ihr miteinander umgeht, einmal näher betrachten könnt. Bitte achtet darauf, inwieweit jeder seine Vorschläge und Einwände einbringen kann und die Gruppe darauf reagiert. Werden alle so behandelt, wie sie es wünschen oder werden einige auch übergangen? Inwiefern sind alle in die Aktion miteinbezogen? Ich bitte euch, auf diese Punkte zu achten. Habt ihr die Aufgabe verstanden oder bestehen noch Fragen. ... . Dann ist es jetzt eure Aufgabe.

Die transparente Darstellung einer Zielsetzung und der Motive kann animierend auf die Teilnehmer wirken, sich auf das Spiel einzulassen und ermöglicht eine intensive Auseinandersetzung mit einem ganz bestimmten Themengebiet. Diese Methode bewährt sich aber nur bei bestimmten Personengruppen. Zum einen bei Gruppen, die ein klares Ziel vor Augen haben und sehr bemüht sind dieses zu erreichen und/oder zum anderen bei Personenkreisen, denen es schwer fällt, rein zweckfrei zu spielen oder Spaß zu haben, da es für sie ungewohnt ist bzw. da sie Angst haben sich zu blamieren, sich kindisch zu verhalten. Durch eine transparente Darstellung der anvisierten Lernziele und der Motive der Spielleitung, dieses Spiel vorzuschlagen, kann erreicht werden, dass sich die Spieler sicherer fühlen und das Gefühl bekommen, dass die Spielleitung sie ernst nimmt. Es kann aber auch dazu führen, dass gerade durch diese Transparenz die Motivation sinkt, da der Aufforderungscharakter des Spiels, das zweckfreie Handeln des Spaßes wegen, verloren geht.

Die Transparenz der Zielsetzung kann jedoch auch zu einer Verzerrung führen. Wenn eine Gruppe die Gründe und Zielsetzungen des Spieles vorab kennt, wird sie sich wahrscheinlich anders verhalten. Dies kann durchaus positiv und von der Spielleitung gewünscht sein, um der Gruppe zu demonstrieren, dass sie sich auch anders verhalten kann. Die Gruppe versteht eine solche Fokussierung allerdings auch u. U. als «Moralpredigt» und es entsteht eine Trotzreaktion, die Gruppe achtet vielleicht grade darauf, dass sie sich nicht so verhält, wie die Leitung es gerne hätte. Falls dies nicht von der Spielleitung beabsichtigt ist, sollte sie sich darüber im Klaren sein, dass das Spielgeschehen durch die transparente Präsentation beeinflusst wird und das Ergebnis verfälscht sein könnte.

Darüber hinaus ist bei dieser Präsentationsmethode die vorzeitige Festlegung der Spielleitung auf bestimmte Aspekte des Lernens ein kritischer Punkt. Einerseits ist es möglich, durch die gezielte Präsentation eine sehr differenzierte und genaue Reflexion zu erreichen, andererseits nimmt sich die Spielleitung die Spontaneität und Flexibilität, auf ungeplante Lern- und Gruppenprozesse einzugehen. Deshalb ist es für den Erfolg dieser Methode von besonderer Bedeutung, dass die ausgesuchten Schwerpunkte und Themen, die in der Einführung angesprochen werden, auch den Teilnehmern entsprechen und diese mit der Zielsetzung etwas anfangen können. Diese Art der Präsentation bedarf deshalb einer sehr intensiven Vorbereitung und einer präzisen Bedarfsanalyse, Was beschäftigt die Gruppe momentan besonders? Welche Themen stehen für die Teilnehmer im Mittelpunkt?

3. Metaphorische Präsentation

Instruktion der Aufgabe, wobei diese in eine Metapher/ein Symbol eingebettet ist, wodurch einzelne Aspekte der Aufgabe hervorgehoben werden.

Eine metaphorische Präsentation wäre z.B. wie folgt:

> *Vor euch seht ihr ein Netz mit den verschiedensten Öffnungen. Dieses Konstrukt soll die verschiedensten Leistungen und Möglichkeiten in eurer Institution darstellen. Eure Aufgabe ist es nun, durch dieses Netz hindurch zu gelangen, wobei jeder eine unterschiedliche Öffnung wählen muss und ihr nicht hängen bleiben sollt, das Netz also nicht berühren dürft. Die restlichen Gruppenmitglieder sollen euch bei eurem Durch–Gelangen unterstützen und euch helfen. Ihr dürft aber nicht die Seiten wechseln, es sei denn ihr benutzt eine der möglichen Öffnungen. Für die gesamte Aufgabe bekommt ihr 45 Minuten Zeit, wobei es neben der Zeit vor allem auf die Qualität eures Handelns ankommt. Haben alle die Aufgabe verstanden? ... Dann könnt ihr jetzt anfangen, die Zeit läuft.*

Diese Präsentationsmethode arbeitet mit Metaphern, in die die Aufgabe eingebettet wird, in diesem Fall das Netz als Institution. Unter Metaphern werden Bilder, Symbole oder Geschichten verstanden, die für etwas anderes stehen, verschiedene Dinge miteinander verbinden und so eine Brücke schlagen können zwischen einem Erlebnis und dem Leben im Alltag. Durch den Einsatz von Metaphern in der Präsentationsphase ist es möglich, den Lernaspekt zu fokussieren, bestimmte Elemente des Spieles hervorzuheben.

Die Gruppe NEPAL hat für das Spiel «Das Spinnennetz» verschiedendste metaphorische Einleitungen zusammengestellt. Bei einem Beispiel wird das Spinnennetz als «Security Web Inc.» angesehen, die Gruppe muss innerhalb einer bestimmten Zeit für jeden ein passendes Loch finden und ihn sicher hindurch bringen. Der Themenschwerpunkt liegt in der Qualität und dem Zeitmanagement der Gruppe. Bei dem «Tor des Nicht mehr Tuns» liegt der Schwerpunkt im Loslassen, dem Vertrauen. Die Aufgabe der Gruppe ist es, alle Gruppenmitglieder so sicher wie möglich durch das Netz zu bringen, ohne Mitarbeit der zu transportierenden Person, und ohne dabei zu sprechen. Beide Varianten basieren auf dem gleichen Spiel und doch werden mit Hilfe der Metaphern verschiedenste Themen fokussiert. Durch die Verknüpfung von beispielsweise Loslassen und Vertrauen mit dem «Tor des Nichts mehr Tuns» wird eine Brücke gebaut, die es den Spielern erleichtern soll, über diesbezügliche Erfahrungen zu sprechen.

(NEPAL, unveröffentlichte Arbeitsblätter)

Bei dieser Methode handelt es sich auch um eine Schwerpunktsetzung. Sie ist allerdings nicht so konkret wie bei der transparenten Darstellung der Zielsetzung, da dies bildlich und symbolhaft geschieht. Durch diese Unterscheidung bleibt die Ausfüllung der Metapher den Teilnehmern überlassen, diese können die Aufgabe für sich interpretieren. Bei diesem Ansatz besteht die Gefahr jedoch darin, dass die individuellen Bilder und Symbole, die jeder Mensch besitzt oder entwickelt, verschüttet werden, da ihnen eine vorerst fremde Metapher übergestülpt wird.

Johan Hovelynck unterscheidet in seiner Arbeit mit Metaphern zwischen den Sprachbildern und den Denkfiguren von Menschen. Seiner Meinung nach besitzt jeder Mensch eigene Metaphern, im Sinne von Denkfiguren oder Leitideen, die er im Laufe der Zeit entwickelt hat, sowohl Teilnehmer, als auch Spielleitung. Sprachbilder dagegen sind Symbole, die allgemeingültig sind (Hovelynck 1999).

Das Symbol «Höhle» beispielsweise verbinden viele mit Dunkelheit, Fremde, vielleicht aber auch mit Schutz und Geborgenheit. Für eine Person, die eine ganz bestimmte Erfahrung mit einer Höhle verbindet, besitzt das Sprachbild Höhle dagegen eine ganz andere Bedeutung und ist vielleicht zu einer Denkfigur geworden.

Ein junger Mann ist früher oft mit seinem Vater in Höhlen gegangen. Dieser war immer bestrebt, seinem Sohn die Faszination Höhle näherzubringen, während dieser Höhlen als bedrohlich und fremdartig empfunden hat. Er musste sich stets überwinden und das Symbol Höhle ist für ihn zu einem Symbol des inneren Konfliktes geworden, den Wünschen des Vaters gerecht zu werden und seinen eigenen Willen durchzusetzen.

Hovelynck versucht nun mit den Denkfiguren der Teilnehmer zu arbeiten in diesem Fall an dem inneren Konflikt des jungen Mannes anstatt diese durch fremde Sprachbilder zu überlagern, wie dies durch die Verbindung Höhle symbolhaft für Schutz und Geborgenheit der Fall wäre. Aufgabe der Spielleitung ist es demzufolge, die Denkfiguren der einzelnen Teilnehmer aufzuspüren, sie diesen bewusst zu machen, um sie in der Arbeit aufzugreifen und zu intensivieren. Dieser Ansatz erfordert ein hohes Maß an Kompetenz der Spielleitung, da die Effektivität des Spiels abhängig ist von der Fähigkeit, Metaphern der Spieler zu erkennen und aufzugreifen.

4. Spielerische Präsentation

Instruktion der Aufgabe, die Aufgabe ist eingebettet in eine spielerische Rahmengeschichte.

Die spielerische Variante:

> *Auf eurem gefahrvollem Weg zu den Quellen der Weisheit müsst ihr nun eines der schwersten Hindernisse überhaupt passieren: «Das Tor der Arachne». Arachne ist eine riesige blinde Spinne, die hier ihr Netz gebaut hat, um jeden, der diesen Weg passieren möchte aufzufressen. Ihr habt jedoch eine Chance, unbemerkt hindurch zu gelangen, und zwar indem ihr alle unterschiedliche Öffnungen benutzt, sodass ihr so wenig Gerüche wie möglich hinterlasst und niemals einen der Spinnenfäden berührt. Denn sobald Arachne auch nur die winzigste Erschütterung spürt, kommt sie sogleich, um euch einzuspinnen. Wenn dies passiert müsst ihr alle schnell wieder hier auf die Seite, wo sie euch nicht sehen kann und eure Passage neu beginnen. Damit ihr wisst, wann euch Gefahr droht, hänge ich diese kleine Alarmglocke an das Netz. Wenn diese durch eine Berührung läutet, müssen alle zurück. Glaubt ihr, ihr könnt auch dieses gar schreckliche Hindernis überwinden? Sodann wünsche ich euch viel Glück, ich werde euer Tun derweil beobachten, denn Arachne würde mich sofort wittern.*

Die vierte Variante betont vor allem die Animation. Die Aufgabe wird in Form eines Spiels präsentiert, d.h. die Aufgabe ist eingebettet in eine Rahmengeschichte. Die Spieler tauchen ein in eine neue Welt und der Spielcharakter überwiegt klar gegenüber dem Übungscharakter. Diese Form der Präsentation besitzt wie die erste Variante vor allem den Vorteil der Offenheit, da auch sie auf eine Eingabe verzichtet und keinen Fokus setzt. Im Vergleich zu der ersten Variante lässt sie sich besonders gut dann einsetzen, wenn die eigentliche Aufgabenstellung nicht ansprechend genug ist bzw. die Gruppe noch nicht motiviert ist. Bedingung dafür ist aber eine gelungene Form der Animation. Die Spieler müssen aufgrund der Präsentation Lust auf die Aufgabe bekommen. Deshalb bedarf auch diese Form einer intensiven Vorbereitung, insbesondere in der Gestaltung der Räumlichkeiten, der Rahmengeschichte und der Spielleitung selbst.

Generell haben alle vier Methoden ihre Vor- und Nachteile und sind absolut gleichwertig. Welche die am besten geeignetste ist, hängt immer von der jeweiligen Gruppe, der Situation und der Spielleitung ab. Während die erste und die vierte Methode die Aufgabe völlig offen lassen, fokussieren die zweite und die dritte Form mehr die Schwerpunkte des jeweiligen Spiels. Die verschiedenen Methoden betonen den Spielcharakter in unterschiedlicher Weise. Die erste Form ist eine schlichte Instruktion der Aufgabe und entspricht deswegen mehr einer Übung. In der zweiten Variante ist der Übungsgedanke vorherrschend, während die dritte Methode durch den Einsatz der Metaphern mehr die Phantasie der Spieler anspricht und die eigentliche Zielsetzung kreativ verpackt wird. In der vierten Variante wird der Spielcharakter besonders deutlich, da hier die Animation und die Phantasie der Spieler im Vordergrund stehen und die Schwerpunktthemen im Spielgeschehen offen gelassen werden und in der Präsentation nicht mehr auftauchen.

Moderation

Der Ton macht die Musik. Egal, ob das Spiel im Rahmen einer Geschichte, mittels einer Hervorhebung der anvisierten Ziele präsentiert wird oder sich die Spielleitung auf die sachlichen Aspekte der Instruktion beschränkt. Wichtig ist die Art und Weise der Präsentation. Die Spielleitung sollte klar, präzise und verständlich sprechen, damit alle Teilnehmer sie verstehen können. Dazu gehört ein bewusster Einsatz von Gestik, Mimik und Tonfall. Bei der Präsentation sollte sich die Spielleitung auf das Wesentliche beschränken und nicht zu weit ausholen oder von der Thematik abschweifen, da dies zu Verwirrung und Unverständnis führen kann. Weiterhin kann sowohl die Wort- als auch die Satzwahl bei der Präsentation ausschlaggebend sein. Wahrscheinlich sind die Spieler eher motiviert, sich auf ein Spiel einzulassen, wenn man es in Form einer Einladung präsentiert anstatt, in Befehlsform.

Sätze wie «Seid ihr bereit für unser nächstes Abenteuer?» wirken auf die Teilnehmer viel animierender als eine Formulierung wie «Nach dieser Aktivität steht als nächstes folgende Übung für euch an.»

Neben den Unterschieden in der Syntax (Frage – Feststellung) ist auch die Wortwahl von Bedeutung. Der Begriff «Abenteuer» ist motivierender als «Übung». Durch die Verwendung des Pronomens «unser» anstatt «euer» im ersten Beispiel wird deutlich, dass die Spielleitung und die Gruppe zusammenarbeiten und nicht die Gruppe nur das tut, was die Leitung von ihr verlangt. Solche «Kleinigkeiten» können einen wichtigen Einfluss darauf nehmen, wie die Gruppe das Spiel angeht, bzw. auf die Präsentation reagiert.

Bei der Präsentation ist es ebenfalls wichtig, dass die Spielleitung Blickkontakt mit den Spielern sucht. Dadurch fühlen sich diese stärker angesprochen und ihre Konzentration wird fokussiert. Während bei Diskussionsrunden die Kreisform die geeignetste Formation ist, bietet sich für die Präsentation der Halbkreis an, da so alle Teilnehmer die Möglichkeit haben, die Spielleitung zu sehen und deren Instruktionen zu verfolgen. Bei Präsentationen unter freiem Himmel sollte es vermieden werden, dass der Spielleiter eine Sonnenbrille trägt und die Spieler von der Sonne geblendet werden.

Weitere Punkte sind die Souveränität und Spontaneität, mit der die Spiele präsentiert werden. Eine souveräne und spontane Ausstrahlung der Spielleitung kann die Wirkung der Präsentation erheblich steigern. Die Spieler fühlen sich sicher und haben das Gefühl, am Verlauf der Spieleinheit wirklich beteiligt zu sein.

Für ein souveränes Auftreten kann es nützlich sein, sich vorher Notizen darüber zu machen, welche Dinge bei welchem Spiel zu beachten sind. Ein solcher Denkzettel sollte aber nicht als Dogma verstanden werden, sondern nur der Orientierung dienen, damit Spontaneität und Flexibilität erhalten bleiben. Ein Unterfangen, das speziell für Personen, die noch nicht lange Kooperative Abenteuerspiele leiten und noch unsicher sind, wie ein Spagat wirken muss. Aber mit der Erfahrung steigen Sicherheit und Handlungsspielraum, so dass beide Vorsätze realisierbar werden.

Zusammenfassung – Die Präsentationsphase

- Gezielte Auswahl einer Präsentationsform
- Aufmerksamkeit der Gruppe auf sich ziehen und dafür sorgen, dass alle die Möglichkeit haben, der Präsentation zu folgen
- Sich auf das Wesentliche beschränken
- Klar und verständlich sprechen, Mimik, Gestik und Tonfall bewusst einsetzen
- Neugierde auf das Spiel wecken
- Phantasie, Humor und Spannung situationsgerecht einbauen
- Sinnhaftigkeit des Spiels vermitteln, Entweder innerhalb einer Rahmengeschichte oder mit Bezug auf selbst gesteckte Ziele der TN, bzw. Erläuterung des vorher überlegten Hintergrundes
- Regeln, Grenzen und Ziel klar hervorheben
- Alle Regeln am Ende noch einmal kurz zusammenfassen
- Sich vergewissern, dass alle TeilnehmerInnen das Spiel verstanden haben
- Möglichkeit bieten, Fragen zu stellen
- Sich der Motivation der TeilnehmerInnen vergewissern
- Im Zweifel explizit die Annahme der Herausforderung bestätigen lassen
- Evtl. Klärung der Rollen bei einem mehrköpfigen Leitungsteams
- Klare Übergabe des Spiels an die Gruppe
- Klarer Rückzug aus dem Spielgeschehen durch eindeutiges Signal und/oder Schaffung räumlicher Distanz

(vgl. auch NEPAL, unveröffentlichte Arbeitsblätter)

Die Aktions-phase

Die Aktionsphase

«Einem spielenden Menschen kann man tief in die Seele blicken» (Josef Recla)

In vielen Büchern wird die Aktionsphase übergangen oder nur kurz erwähnt und der Schwerpunkt auf die Reflexionsphase gelegt. Da es aber in der Reflexion um Erfahrungen und Erlebnisse geht, die während der Aktion entstanden sind, ist es für eine gute Spielleitung unerlässlich, sich mit dieser Phase des Spiels, gründlich auseinanderzusetzen.

Alle in der Planungsphase entstandenen Überlegungen und Ideen stehen auf dem Prüfstein und die Spielleitung muss während der gesamten Spieldauer auf die Reaktionen der Spieler achten, geplante Regeln und Vorgehensweisen möglicherweise verändern und dem Spielgeschehen anpassen. Aber die Frage ist nicht nur wann, sondern auch wie die Spielleitung reagieren sollte, falls die Gruppe Regeln anders auslegt, als erwartet. Sie sollte sich zudem über mögliche Interventionen und deren Bedeutungen im Klaren sein. Doch um diese Dinge klären zu können, muss sich die Leitung zunächst überlegen, welche Rolle und Aufgabe sie während des Spiels einnimmt. Die eigene Position ist entscheidend für die weitere Vorgehensweise.

Rolle und Aufgabe der Spielleitung

Wie schon erwähnt, handelt es sich innerhalb Kooperativer Abenteuerspiele um einen Lernprozess der ganzheitlich, wachstumsorientiert und selbstorganisiert ist, bzw. sein sollte. Für die Aktionsphase heißt das, dass die Spielleitung sich möglichst zurückhalten sollte, da jede Intervention den Lern- und Gruppenprozeß erst einmal stört bzw. behindert. Deshalb sollte sich die Spielleitung, nachdem das Spiel der Gruppe übergeben wurde, an einen günstigen Platz am Rande des Spielgeschehens postieren. Solch ein räumlicher Rückzug verschafft der Leitung mehr Übersicht über die Situation und verdeutlicht den Spielern, dass sie nun in erster Linie selbst für den Spielverlauf verantwortlich sind.

Die größten Tugenden einer effektiven Spielleitung in dieser Phase sind Geduld und Aufmerksamkeit. Doch dies ist oft leichter gesagt, als getan. Viele Spielleiter fühlen sich genötigt einzugreifen, wenn sie den Eindruck bekommen, dass die Gruppe eine Aufgabe nicht lösen kann oder es zu Konflikten unter den Gruppenmitgliedern kommt. In diesen Fällen ist es wichtig, sich das eigentliche Ziel des Spieles vor Augen zu halten. Geht es wirklich darum, alle Spieler über ein Seil zu transportieren, das einen Meter über dem Boden befestigt ist? Oder geht es für die Spieler nicht vielmehr um die Möglichkeit, etwas über sich selbst zu lernen und den Umgang mit anderen Menschen zu lernen? Die Lösung einer Spielaufgabe sollte nicht primäres Ziel sein, sondern als ein Medium angesehen werden, um einen Lernprozess zu initiieren. Deshalb gilt «Im Sinne eines selbstverantwortlichen Gruppenprozesses ... die Devise: so wenig eingreifen wie möglich» (Gilsdorf/Kistner 1995, 28). Die Spielleitung sollte

allerdings immer potentielle Gefahrenpunkte im Auge haben und sich in deren Nähe aufhalten, um in Notfällen angemessen reagieren zu können. Besonders bei Spielen, in denen Personen hochgehoben bzw. getragen werden, kann es dazu kommen, dass die Mitspieler diese «im Eifer des Gefechts» nicht zuverlässig festhalten. In solchen Fällen muss die Spielleitung in der Lage sein, der Gruppe und der betroffenen Person zu helfen, Hilfestellung zu geben. Gegebenfalls muss die Spielleitung in das Spielgeschehen eingreifen. Aber falls dem so ist, sollte es ein bewusstes Handeln sein, das von Situation zu Situation flexibel durchdacht werden muss. Die eigentliche Aufgabe der Spielleitung liegt in der «aktiven und aufmerksamen Beobachtung des Gruppenprozesses» (Gilsdorf/Kistner 1995, 29) und der sich daraus ergebenden Antizipation von Anknüpfungspunkten und Diskussionsthemen für die anschließende Reflexion.

Neben diesen klaren Eingriffen in den Spielverlauf gibt es noch die indirekten Beeinflussungen auf das Spielgeschehen. Im Regelfall beobachten die Spieler die Leitung fast ebenso aufmerksam wie umgekehrt und neigen dazu, jegliche Signale auf das Spielgeschehen hin zu interpretieren. Deshalb sollte diese keine Zeichen der Abwesenheit oder Unkonzentriertheit vermitteln, weder verbal noch nonverbal. Die Spieler merken sofort, zumindest unbewusst, wenn die Leitung nicht mehr mit allen Sinnen präsent ist. In solchen Fällen kommt es eher zu Unsicherheit, Aggression oder Frustration in der Gruppe.

Rauchen stellt für viele ein Signal des Entspannens, des Abschaltens dar. Besonders Spieler die selbst Raucher sind, fühlen sich ermutigt, ebenfalls eine Zigarette anzuzünden und distanzieren sich automatisch von dem eigentlichen Spielgeschehen.

Seitengespräche mit Co-Leitern sollten vermieden werden. Solche Reaktionen finden oft beifällig statt und der Spielleiter ist sich dessen vielleicht nicht einmal bewusst. Aber selbst die Mimik und Gestik kann schon zu Irritationen oder Meinungsänderungen in der Gruppe führen, beispielsweise wenn die Leitung die Gruppe beobachtet und leicht den Kopf schüttelt oder nickt. Es handelt sich um indirekte Körpersignale, die nicht eindeutig sind und von der Gruppe auf unterschiedliche Weise interpretiert werden können.

Wenn eine Gruppe schon relativ lange an einer Aufgabe tüftelt, kommt es oft vor, dass ein oder mehrere Spieler mit der Spielleitung Kontakt aufzunehmen versuchen. Sei es durch einfachen Blickkontakt, Gestik oder Gespräche. Die Spielleitung sollte bemüht sein, so wenig wie möglich darauf einzugehen, ohne die betreffende Person zu brüskieren. Am günstigsten wirkt es sich auf das Spielgeschehen aus, wenn die Leitung den Spielern gegenüber eine «wohlwollende Distanz» (NEPAL, unveröffentlichte Arbeitsblätter) einnimmt. Ansonsten kann es zu einer Teilung der Gruppe kommen. Während einige noch versuchen die Aufgabe zu lösen, haben sich andere schon ausgeklinkt und der Kontakt mit der Spielleitung steht im Vordergrund.

Diese Dinge mögen vielleicht banal erscheinen, doch nicht selten bringen kleine Steine größere ins rollen und sind somit entscheidend für einen möglichst unbeeinflussten Spielverlauf.

Die Beschreibung der Aufgaben der Spielleitung bezieht sich mit Ausnahme des Sicherheitsaspektes nicht auf Kennenlernspiele und Warming-ups. Im Gegensatz zu der oben formulierten Rolle und Aufgabe sollte die Spielleitung so oft wie möglich selber mitspielen, da der Kernpunkt einer Spieleinheit die gute Beziehung zwischen Leitung und Gruppe ist. Indem der Spielleiter mit der Gruppe zusammen spielt, Spaß hat und beispielsweise als Elefant über eine Wiese stampft, kann er eine ganz andere Ebene erreichen, als durch bloße Präsentation und Beobachtung. Neben diesem Beziehungsaspekt kommt noch ein weiterer positiver Aspekt hinzu. Indem die Spielleitung mitspielt, kann sie das Spiel leiten, ohne den Spielfluß zu unterbrechen.

Der Spielleiter kann sich z. B. als erster in die Mitte eines Kreises stellen. Durch seine aktive Teilnahme hat er die Möglichkeit, Spieler zu integrieren, die nicht so intensiv am Spiel beteiligt sind und damit ein Gleichgewicht zwischen den Spielern herstellen. Außerdem kann der Animationseffekt deutlich gesteigert werden, wenn die Spielleitung selbst mitspielt, etwas vormacht, und die Spieler sehen, dass sie dabei Spaß hat, dass es ihr Freude macht.

Dies verlangt jedoch erstens Lust und Laune am Mitspielen und zweitens die Fähigkeit, während des eigenen Spiels die Gruppenprozesse und Verhaltensweisen der Mitspieler nicht aus den Augen zu verlieren. Durch das Mitspielen kommt die Leitung auch in die Lage zu erkennen, wie die Teilnehmer ein Spiel wahrnehmen und empfinden und kann situationsgerechter reagieren.

Obwohl Rolle und Aufgabe der Spielleitung in beiden Fällen sehr verschieden sind, gilt ein Hauptkriterium für die Leitung aller Spiele: Präsenz. Präsenz «soll heißen, er (die Spielleitung) ist voll konzentriert in der Situation, nimmt die Elemente , die die Situation bestimmen, ganz genau wahr, nimmt die Gruppe und jeden einzelnen wahr» (Baer 1995, 189).

Umgang mit Spielregeln

Die Hauptaufgabe der Spielleitung liegt also im aktiven und aufmerksamen Beobachten von Gruppenprozessen. Doch wie kann die Spielleitung einschreiten, wenn einzelne Personen oder die gesamte Gruppe Instruktionen/Regeln der Spielleitung weiter auslegt als erwartet, neu interpretiert oder gar ignoriert? Generell lassen sich vier verschiedene Kategorien von Reaktionsmöglichkeiten auf Regelüberschreitungen festmachen:

- Die Regel geltend machen und auf mögliche Konsequenzen hinweisen.
- Die Regel verändern und an die Gruppe anpassen.
- Den Regelbruch beobachten und erst in der Reflexion im Rahmen einer Qualitätskontrolle darauf zu sprechen kommen.
- Die Regel ignorieren.

Jede Gruppe und jedes Spiel ist anders. Deshalb sollte die Leitung ihr Verhalten stets neu abwägen. Generell gilt: Die Reaktion der Spielleitung sollte immer situationsbezogen und flexibel sein. Bei der Überlegung, wie auf Regelüberschreitungen zu reagieren ist, können folgende Fragen behilflich sein:

- Wie wichtig ist die Regel für das Spielgeschehen?
- Handelt es sich um eine kreative Interpretation der Regel?
- Hat die Gruppe keine Rücksicht auf die Regel genommen, bzw. diese ignoriert oder ist es für sie nicht möglich, die Regel einzuhalten?
- Wirkt sich die Regelüberschreitung negativ auf einzelne Spieler aus?
- Wie reagieren die anderen Spieler/die Gruppe, ist es für sie in Ordnung oder nicht?
- Welche Konsequenzen hat das eigene Verhalten (der Spielleitung) auf den Verlauf der Spielsequenz?

Die Geltendmachung einer Regel gibt der Gruppe klare Strukturen vor. Die Spieler sind mit den Regeln vertraut und deren Überschreitung ist mit Konsequenzen verbunden (Punktabzug, Neuanfang etc.). Der Vorteil einer solchen Vorgehensweise ist die genaue Ergebniskontrolle.

Eine Gruppe versucht seit einer Stunde durch das Spinnennetz zu kommen, berührt aber ständig mehr oder weniger das Seil. Wenn die Spielleitung daraufhin die Regelauslegung etwas lockert, kann es schnell zu Unzufriedenheit und Frustrationen in der Gruppe kommen, da ein Gefühl entsteht, es eigentlich nicht geschafft zu haben.

Besteht die Spielleitung auf eine konsequente Einhaltung der Regeln, ergibt sich daraus eindeutig, wann eine Gruppe die Aufgabe bewältigt hat. Nachteile dieses Verfahrens ist der enge Spielraum, um eingreifen zu können. Möglicherweise war die Aufgabe von Anfang an zu schwer und die Gruppe erlebt einen Misserfolg, für den sie eigentlich nicht verantwortlich ist.

Eine Gruppe bekommt die Aufgabe durch ein Spinnennetz zu gelangen, in dem es keine Öffnung gibt, die die Teilnehmer ohne Hilfestellung von beiden Seiten passieren können.

In diesem Fall sollte die Spielleitung die Regeln auf die Gruppe abstimmen. Aber bei einem zu häufigen Verändern der Regeln kann es passieren, dass die Gruppe sich nicht mehr in vollem Maße anstrengt, sondern darauf spekuliert, dass die Leitung das Regelwerk verändert.

Manchmal kann es besser sein, die Regeln beizubehalten, auch wenn die Gruppe zunächst schwere Probleme mit der Aufgabe hat. Möglicherweise gelangt die Gruppe zu einer Auslegung der Regeln, die zwar nicht mehr ganz regelkonform ist, aber von einer ungeheuren Kreativität zeugt.

Ein gutes Beispiel hierfür ist das Spiel «Der schnelle Ball». Bei diesem Spiel geht es darum, einen Ball so schnell wie möglich durch alle Hände zu geben, wobei jeder Spieler ihn einmal in den Händen haben muss. Die Anfangsformation ist normalerweise eine Kreisrunde. Manche Gruppen entwickeln folgendeTechniken: Eine Person nimmt den Ball und berührt die Hände aller anderen Gruppenmitglieder, um ihre Zeit zu verbessern.

Nun stellt sich die Frage, inwieweit die Regel, jeder Spieler muss einmal den Ball in den Händen halten, gebrochen wurde. Bei dieser Regelauslegung wäre es vielleicht ungeschickt, auf die bestehende Regel hinzuweisen und diese geltend zu machen, da die Gruppe Kreativität gezeigt hat und es sich nicht um einen klaren Regelbruch, sondern um eine neue Interpretation der Regel handelt. In einem solchen Fall kann man in der Reflexion darauf eingehen, inwieweit die Spieler mit ihrem Ergebnis zufrieden sind oder nicht und ob bzw. warum sie ihre Interpretation für legitim halten oder nicht.

Das Ignorieren von Regeln erweitert den Spielraum der Gruppe und lässt den Spielern die Möglichkeit, Regeln durch neue Interpretationen umzuwandeln und zu ersetzen. Evtl. handelte es sich um eine Regel, die sich im Spielverlauf als nicht praktikabel gezeigt hat und die Spieler nur einschränkt. Aber diese Nichtbeachtung eines Regelverstoßes kann dazu führen, dass ein Gefühl des Misserfolgs entsteht, wenn die Spieler keine Reaktion auf Regelüberschreitungen erfahren. Vielleicht nehmen die Spieler dies sogar als mangelndes Durchsetzungsvermögen wahr und werden in der Folge immer wieder Regeln verändern, um sich die Aufgabe zu erleichtern oder ein besseres Ergebnis zu erzielen.

Will man ein Dilemma im Umgang mit Regeln vermeiden, kann man die Verantwortung dafür der Gruppe übergeben. Die Spielleitung erklärt der Gruppe im Vorfeld, dass sie selbst für die Einhaltung der Regeln zuständig ist. Einzige Bedingung ist die Einstimmigkeit der Spieler. Sobald einer sich gegen eine neue Interpretation einer Regel ausspricht, muss sich die Gruppe dessen Meinung fügen, bzw. versuchen diese Person von der neuen Idee zu überzeugen. Durch eine solche Bedingung kann verhindert werden, dass es zu einem blinden Aktionismus einiger Spieler kommt während andere sich nicht mehr mit dem Spiel identifizieren können.

Eine Gruppe bekommt die Aufgabe durch das Spinnennetz zu gelangen. Falls eines der Seile berührt wird, müssen alle an dieser Aktion Beteiligten wieder auf die andere Seite. Zu Beginn des Spiels hat die Gruppe Schwierigkeiten und einige Spieler müssen immer wieder neu starten. Nachdem die ersten das Hindernis passiert haben, kommt es zu einer erneuten Berührung der Seile und alle Spieler, die schon auf der anderen Seite stehen sind beteiligt. Im ersten Moment blicken alle fragend auf den Spielleiter. Doch im Vorfeld hatte der Leiter schon angekündigt, dass die Gruppe selbst für die Einhaltung der Regeln verantwortlich sei. Nachdem der Leiter dies wiederholt und der Gruppe signalisiert, dass es ihre Entscheidung ist, kommt es zu einer interessanten Diskussion innerhalb der Gruppe. Einige vertreten die Ansicht dies sei unvermeidlich und wollen weitermachen, während andere dies als Kapitulation verstehen und sich um das Erfolgserlebnis betrogen fühlen.

Die Übergabe der Verantwortung an die Gruppe ermöglicht ein ganz neues Spannungsfeld innerhalb der Gruppe. Die einzelnen Spieler sind selbst dafür verantwortlich, inwieweit sie mit dem Spielverlauf zufrieden sind und müssen sich mit den Meinungen der anderen auseinandersetzen.

Ein weiterer Vorteil ist, dass die Spielleitung nicht in die undankbare Rolle des Schiedsrichters gedrängt wird. So kann sie sich ganz auf die Beobachtung des Gruppenprozesses konzentrieren.

Doch diese erhöhte Verantwortung kann eine Gruppe auch überfordern. Die Gruppe wird u. U. aktionsunfähig oder macht es sich zu einfach, indem sie schwierige Regeln außer Kraft setzt. In den meisten Fällen ist es aber eher so, dass die Gruppe sogar noch viel schärfer auf die Regeln achtet, da sonst oft das Gefühl entsteht, sich selbst betrogen zu haben, was nicht so häufig entsteht, wenn ein Außenstehender entscheidet, da dieser eher als Gegenspieler angesehen wird.

Interventionen

Im Unterschied zu indirekten Signalen der Spielleitung, die von der Gruppe interpretiert werden, ist eine Intervention eine bewusste, absichtsvolle Handlung zur Beeinflussung des Gruppenprozesses. Wie schon erwähnt, sollte so wenig wie möglich interveniert werden, um den Gruppen- und Lernprozess nicht zu unterbrechen. Doch manchmal ist es unabdingbar und hilfreich, einzugreifen, um die Aufmerksamkeit der Gruppe auf bestimmte Prozesse, Ideen oder Verhaltensweisen zu lenken. Solche Situationen sind z.B. dann gegeben, wenn diese aktionsunfähig ist, sich in eine Idee verrannt hat, einzelne Spieler sich weigern weiterzuspielen oder bestimmte Personen ständig übergangen werden. Je nach Situation, bestehen verschiedene Interventionsmöglichkeiten, wobei diese sich vor allem im Grad der Intensität unterscheiden. Prinzipiell sollte immer die schwächstmögliche Interventionsform gewählt werden, da jeder Eingriff einen Einschnitt in die Bewältigungsstrategien der Spieler darstellt. Es gibt folgende Interventionsformen:

1. Präsenz
2. Intervention in der Sprache des Spiels
3. Spielunterbrechung
4. Spielveränderung

1. Präsenz

Dies ist die schwächste Form einer Intervention. Durch die Präsenz an bestimmten Orten des Geschehens kann die Spielleitung die Aufmerksamkeit der Gruppe in gewissem Maß lenken und das Spielgeschehen beeinflussen.

Die Gruppe macht sich begeistert an die Bewältigung des Spinnennetzes. Die einzelnen Spieler werden zügig durch die Öffnungen gehoben, doch mit der Zeit sinkt die Konzentration der Teilnehmer und dadurch auch die Sorgfältigkeit der Sicherheitsvorkehrungen/Hilfestellungen.

In einer solchen Situation kann die Spielleitung die Spieler daran erinnern, auf die Sicherheit zu achten, indem sie sich dazu stellt und eine Sicherungsstellung einnimmt. Durch diese Form der Beteiligung signalisiert sie der Gruppe, das Problem, ohne das Spiel direkt zu unterbrechen.

Während fast alle Spieler an der Lösung einer Aufgabe beteiligt sind, steht ein Mitspieler etwas abseits. Doch durch die Begeisterung nehmen die anderen Gruppenmitglieder dies gar nicht wahr und agieren weiter.

Auch in diesem Fall kann es ausreichen, dass sich die Spielleitung in die Nähe des abseits stehenden Mitspielers stellt. Durch die Aufmerksamkeit, die die Spieler der Leitung schenken, können sie auch ihren Mitspieler wahrnehmen und merken dadurch, dass nicht die gesamte Gruppe beteiligt ist.

2. Intervention in der Sprache des Spiels

Eine Intervention in der Sprache des Spiels ist zwar eine direkte Form der Beeinflussung, aber immer noch Teil des Spieles, d.h. die Aktion wird nicht unterbrochen.

Eine gemischtgeschlechtliche Gruppe von Studenten hat die Aufgabe, mit vorhandenen Naturmaterialien eine Konstruktion zu bauen, um einen kleinen Bach in einem Märchenwald zu überqueren. Die Bachüberquerung darf aber nur dann beginnen, wenn alle Spieler mit der «Brücke» zufrieden sind. Sofort übernehmen zwei Studenten die Führung der Gruppe. Der Spielleitung fällt auf, dass mehrere Studentinnen auch gerne am Brückenbau beteiligt wären, sich aber aufgrund des Engagements der beiden etwas zurückgezogen haben. Offensichtlich sind sie unzufrieden mit der Situation, zeigen aber keine Anzeichen etwas unternehmen zu wollen.

In diesem Falle besteht die Möglichkeit, in der Sprache des Spiels zu intervenieren. Da es sich noch nicht um eine ernsthafte Krisensituation handelt, könnte die Spielleitung die beiden Studenten z.B. «verzaubern», so dass diese vielleicht nichts mehr sehen können, oder sich für eine bestimmte Zeit nicht mehr bewegen dürfen. Dadurch müssten sich die anderen Spieler wieder mehr an der Aufgabe beteiligen und die Situation würde ausgeglichen. Eine solche Intervention in der Sprache des Spiels «wird von den Spielern in der Regel weniger als Bruch und Eingriff in ihre Autonomie erlebt» (Gilsdorf/Kistner 1995, 29).

3. Spielunterbrechung

Anders wäre es, wenn es im oben genannten Beispiel zu einer direkten Konfrontation zwischen den einzelnen Gruppenmitgliedern gekommen und die Situation eskaliert wäre. In einem solchen Fall würde eine «Verzauberung» nicht ausreichen. Hier besteht die Möglichkeit, das Spiel zu unterbrechen, und eine Runde einzuberufen. Die Spielleitung könnte versuchen, mit gezielten Fragen an jeden Spieler die Situation zu klären, um das Spiel fortsetzen zu können. Fragen wie «Was glaubst du, was ist gerade passiert? Was könntest du in dieser Situation tun?» ermöglichen es den Spielern die Sichtweisen ihrer Mitspieler zu verstehen und das Spiel so fortzusetzen, dass alle damit zufrieden sind. Die Spielleitung sollte sich schon im Vorfeld entsprechende Fragen oder Formulierungen überlegt haben, damit die Gruppe in relativ kurzer Zeit zu einer Lösung kommen und das Spiel fortsetzen kann.

Eine kürzere Form der Spielunterbrechung ist durch die Methode des «Spiegelns» möglich. Die Leitung unterbricht das Spiel und beschreibt der Gruppe was sie als Außenstehender gerade beobachtet.

Eine Gruppe steht vor einem komplexen Problem. Nachdem sie mehrere Lösungsvorschläge gesammelt hat, entscheidet sie sich für eine Idee und versucht diese umzusetzen. Nach einiger Zeit wird allen klar, dass es so nicht funktionieren kann und die Gruppe reagiert frustriert. Sie hat sich auf diese Form der Lösung festgefahren und alle anderen Ideen sind völlig vergessen.

In diesem Fall kann die Spielleitung kurz unterbrechen und sagen «Ich glaube, ihr habt euch da in eine Möglichkeit verrannt, vielleicht habt ihr ja noch eine ganz andere Idee!». Die Spielleitung gibt der Gruppe nur weiter, was sie beobachtet. Doch dadurch gewinnt die Gruppe wieder den Überblick und die Spieler werden wieder frei, in anderen Richtungen zu überlegen.

Eine ganz andere Möglichkeit der Intervention bietet das Konzept «Processing at the edge». Ausgangspunkt dieses Konzeptes ist die Überlegung, dass alle Emotionen und Denkmuster umso intensiver zum Ausdruck kommen, je stärker die Herausforderung für eine Person erlebt wird. Dieser Sichtweise liegt folgendes Schema zugrunde:

Alle Menschen haben Sorgen und Ängste, die sich in Ideen und Gedankenkonstrukten äußern. Diese wurden in der Kindheit entwickelt, sind oft dysfunktional und entziehen sich unserer Beeinflussung, d. h. sind unbewusst. Wir Menschen werden von diesen Ideen gesteuert, sie bestimmen unser Verhalten mit. Immer wenn eine Person versucht ihre «comfort zone», also den Zustand, indem sich die Person mit all ihren Ängsten und Sorgen am wohlsten und ungestörtesten fühlt, zu durchbrechen, werden Abwehrmechanismen aktiv, die sich gegen jegliche Veränderung richten. Gefühle der Angst, der Unsicherheit, der Minderwertigkeit kommen auf, der Körper zeigt deutliche Reaktionen wie Transpiration, Zittern, Wechsel von Hitze- und Kälteempfinden u.s.w.

Diese Abwehrmechanismen werden umso stärker, je mehr der Teilnehmer herausgefordert wird. Erst wenn eine Person ihre Abwehrmechanismen und deren Hintergründe kennt und versteht, ist sie in der Lage Verantwortung dafür zu übernehmen und ihr Verhalten zu verändern. Solche Verhaltensschemata werden dann am deutlichsten, wenn sich eine Person in der entscheidenden Phase der Aktion befindet. Sie werden aktiv, bevor eine Person die Entscheidung trifft anzufangen, abzubrechen oder durchzuhalten und vielleicht Erfolg zu haben.

Ein Teilnehmer macht sich gerade bereit für den Vertrauensfall, Er steht schon oben aber zögert noch. Er bekommt weiche Knie, im Kopf sagt die ganze Zeit eine Stimme «Du schaffst es nicht» ein mulmiges Gefühl entsteht in der Magengegend.

In dieser Situation, E-1 (Erfolg minus 1) kann die Spielleitung nun intervenieren und die Person fragen, was sie gerade empfindet wie sie sich fühlt. Findet eine Auseinandersetzung mit dieser Situation erst später statt und befindet sich der Spieler bereits wieder in einem anderen Gemütszustand, der Prozess ist nicht mehr so präsent wie in der Situation E-1. Für diese Bewusstmachung reichen «ein kurzer Moment» – widerspricht das nicht der Zeitspanne von 3–4 Minuten, in denen die Person möglicherweise nur mit wenigen Worten ihren momentanen Gemütszustand beschreibt. Danach wird die Aktion fortgesetzt und die Person entscheidet sich, ob sie sich fallen lässt oder wieder hinunter steigt. In der späteren Reflexion kann dank dieser Intervention dann versucht werden, Abwehrmechanismen bewusst zu machen und möglicherweise zu verändern. Wichtig für diese Interventionsform ist nur der richtige Zeitpunkt, die Situation E-1.

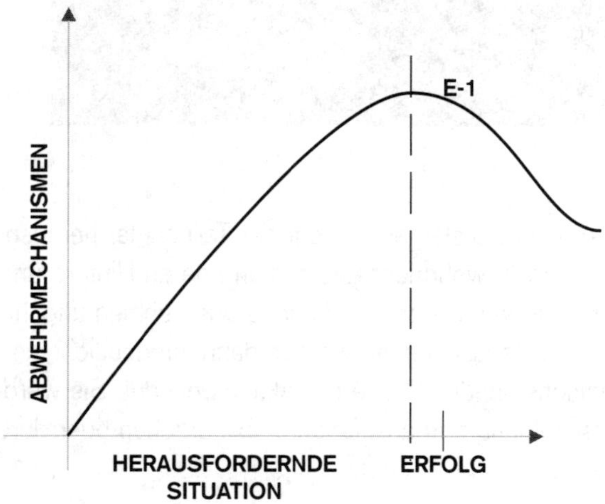

In manchen Fällen reichen ein paar Minuten jedoch nicht und die Person hat ein starkes Redebedürfnis. In solchen Fällen kann das Spiel auch abgebrochen und direkt in die Reflexionsphase übergegangen werden.

(vgl. Luckner/Nadler 1992)

4. Spielveränderungen

Dies ist die stärkste Form der Intervention. Sie ist nur dann sinnvoll, wenn die Aufgabe nicht zu der Gruppe passt., z.B. der Schwierigkeitsgrad nicht dem Niveau der Gruppe entspricht.

Doch welche Möglichkeiten hat die Spielleitung, wenn sie bemerkt, dass die Gruppe über- oder unterfordert ist? Und vielleicht noch entscheidender, woraus lässt sich dies schließen?

Dazu lassen sich keine eindeutigen Kriterien aufstellen, da Situation und Gruppe die entscheidenden Faktoren für die jeweilige Beurteilung sind. Sicherlich sind ein gewisses Konfliktpotential, erste Frustrationen und Probleme noch kein Grund, das Spiel abzuändern. Wenn die Gruppe heftig diskutiert, oder aufgrund fehlender Kommunikation Schwierigkeiten mit der Aufgabe hat, einzelne Spieler sich ausklinken etc., bleibt der Spaßfaktor wahrscheinlich gering, aber der Lernprozess wird vielleicht noch intensiver. Der eigentliche Grund ein Spiel zu verändern ist gegeben, wenn die Spieler unglücklich mit der Aufgabenstellung/dem Spiel an sich sind. Wahrscheinlich bedarf es einiger Erfahrung den Unterschied zu erkennen, zwischen einer Gruppe, die verzweifelt versucht eine Aufgabe zu lösen und mit dem Spielverlauf unglücklich ist, und einer Gruppe, die mit der Aufgabenstellung unglücklich ist.

Eine Gruppe bekommt die Aufgabe, mit vorhandenen Brettern und Autoschläuchen ein Floß zu bauen. Es dauert einige Zeit bis sich einige halbherzig mit dem Problem beschäftigen. Andere fangen an Steine in den Bach zu werfen. Auch die Spieler, die mit der Problemlösung angefangen haben, hören schnell wieder auf und alle Teilnehmer befinden sich in einer gereizten, resignativen Stimmung. Es kommt zu den ersten Konflikten, die sich aber nicht auf die Aufgabe beziehen.

In diesem Fall empfiehlt es sich, die Aufgabe abzubrechen und nachzuforschen, warum die Gruppe augenscheinlich so wenig mit dem Spiel anfangen kann. Vielleicht existiert innerhalb der Gruppe ein anderes bestimmendes Thema, das noch nicht aufgearbeitet wurde und die Konzentration der Gruppe hemmt. In diesem Fall hätte die Aufarbeitung dieses Themas Priorität und der Floßbau wäre zweitrangig.

Die Entscheidung, inwieweit und ob das Spiel verändert oder abgebrochen werden sollte, bedarf des Fingerspitzengefühls. Als entscheidendes Indiz sollte immer das eigene Empfinden stehen. Wer die Gruppe beobachtet und dabei ein ungutes Gefühl hat, sollte sich nicht davor scheuen, das Spiel zu verändern oder sogar abzubrechen.

Ist der Entschluss gefasst, das Spiel zu verändern, den Schwierigkeitsgrad der Gruppe anzupassen, bleiben wieder die gleichen Möglichkeiten wie bei der Spielgestaltung in der Planungsphase. Veränderbare Faktoren eines Spiels sind Regeln, Material, Bewegungsabläufe, Grenzen, Phantasie, Rollen und das Ziel des Spieles.

Spielende

Wann ist ein Spiel eigentlich zu Ende? Diese Frage mag auf den ersten Blick ziemlich banal klingen. Doch sie ist berechtigt. Generell gibt es vier verschiedene Möglichkeiten, wie ein Spiel enden kann:

1. Die Gruppe hat die Aufgabe gelöst.
2. Die Gruppe beendet das Spiel, sei es weil sie mit dem erzielten Ergebnis zufrieden ist oder weil sie aufgibt.
3. Die Spielleitung bricht das Spiel ab, da die Gruppe mit der Aufgabe völlig über- oder unterfordert ist.
4. Das eigentliche Ziel ist erreicht, die Spieler haben wichtige Erfahrungen gesammelt, deren Reflexion nun sinnvoller ist, als die Weiterführung des Spieles.

zu Punkt 1: Die wohl eindeutigste Möglichkeit ist die, dass die Gruppe das bestehende Problem gelöst hat.

Das Spinnennetz ist definitiv dann zu Ende, wenn die Gruppe es geschafft hat durch die einzelnen Öffnungen zu gelangen und komplett auf der anderen Seite steht.

zu Punkt 2: Viele Spiele basieren nicht auf einer einmaligen Problemlösung, sondern darauf, dass die Gruppe eine Aufgabe immer wiederholt und dabei versucht ihre vorherige Leistung zu verbessern. Bei diesen Spielen ist die Frage nach dem Ende nicht so leicht zu beantworten. Ausschlaggebend für die Beendigung eines Spiels ist immer die Zufriedenheit der Gruppe. Die Spielleitung sollte nicht anfangen, die Leistungen der Gruppe zu bewerten, da dies Aufgabe der Gruppe ist. Sobald diese vollkommen zufrieden mit dem Ergebnis des Spieles ist, ist das Spiel zu Ende.

Eine Gruppe bekommt die Aufgabe, einen Streifen Tesakrepp so hoch wie möglich an einer Mauer zu befestigen. Nach dem ersten Versuch fragt der Spielleiter die Gruppe, ob die bisherige Höhe noch zu überbieten sei. Die Gruppe stimmt zu und startet einen zweiten Anlauf, indem sie das vorherige Ergebnis deutlich übertrifft. Nach jedem Durchgang fragt der Leiter, inwieweit die Spieler mit ihrem Ergebnis zufrieden sind, oder glauben, es noch verbessern zu können. Sobald die Gruppe meint, den höchstmöglichen Punkt erreicht zu haben ist das Spiel beendet.

Wenn eine Gruppe der Meinung ist, eine Aufgabe nicht lösen zu können und aufhören möchte, ist ein Spiel ebenfalls zu Ende. Die Spielleitung sollte hierbei darauf achten, dass die Gruppe diese Entscheidung einstimmig trifft. Solange einzelne Spieler noch nicht dazu bereit sind, das Spiel abzubrechen, sollte dies auch nicht geschehen. Die Gruppe muss sich dann damit auseinandersetzen, wieso einige die Aufgabe für nicht lösbar halten und andere nicht. Wenn eine Gruppe sich entscheidet, ein Spiel abzubrechen ist das allein Angelegenheit der Gruppe und die Spielleitung sollte dies nicht bewerten, sondern sich in der Reflexion mit den Spielern darüber auseinandersetzen.

zu Punkt 3: Eine weitere Möglichkeit der Beendigung eines Spiels ist der Abbruch seitens der Spielleitung. Deren Beweggründe sind unter dem Punkt «Spielveränderungen» schon geschildert worden. Die endgültige Entscheidung für den Spielabbruch sollte die Spielleitung aber der Gruppe überlassen und diesen Punkt als Angebot bzw. Option in die Spielerrunde geben.

Während der oben geschilderten Situation des Floßbaus sollte die Spielleitung die Aufgabe nicht einfach beenden, sondern die Entscheidung in die Gruppe geben. Dies könnte beispielsweise so geschehen, dass der Spielleiter alle Spieler versammelt und sagt: «Ich habe momentan den Eindruck, dass ihr mit der Aufgabe nichts anfangen könnt oder keine Lust dazu habt. Wenn ihr wollt, können wir an dieser Stelle auch abbrechen und uns darüber austauschen, was gerade in der Gruppe los ist. Aber wie ihr euch auch entscheidet, es sollte einstimmig sein, d.h. entweder alle sind damit einverstanden abzubrechen oder alle wollen noch weitermachen».

zu Punkt 4: Ein Spiel ist auch dann zu Ende, wenn das Ziel des Spieles erreicht wurde. Es kommt jedoch häufig vor, dass bei den einzelnen Maßnahmen und besonders bei den Spielleitern die Spielfreude überwiegt. Manchmal ist das eigentliche Ziel einer Spielkette schon nach der ersten Aufgabe erreicht und es existieren eine Vielzahl von Erfahrungen und Erlebnissen, die darauf warten reflektiert zu werden. Oft traut sich die Spielleitung dann nicht, die restlichen Spiele verfallen zu lasen oder sogar ein Spiel abzubrechen. Es bedarf sicherlich eines gewissen Mutes dazu und oft war die Vorbereitung und Planung der Maßnahme auch mit zahlreichen Mühen versehen, die nun auf den ersten Blick umsonst scheinen. Aber die Spielleitung sollte deshalb nicht auf die Chance verzichten, sich mit bestehenden Erlebnissen der Teilnehmer auseinanderzusetzen. Häufig entstehen bei den Spielern wichtige Eindrücke, die jedoch schnell wieder in Vergessenheit geraten, wenn die Reflexionsphase zu lange hinausgeschoben wird.

Zusammenfassung - Die Aktionsphase

- Für alle TeilnehmerInnen wahrnehmbar präsent sein

- Seitengespräche vermeiden
  Zeichen der Entspannung, des Pausierens unterlassen (Rauchen, Kaffee trinken etc.)

- Spielgeschehen beobachten und mögliche Themen für die Reflexion antizipieren

- So wenig wie möglich intervenieren,
  wohlwollende «Distanz» zum Spielgeschehen einnehmen,
  den Gruppenprozess nicht bremsen,
  der Gruppe Raum zum Ausprobieren und Experimentieren lassen

- Immer aufmerksam sein und situativ handeln

- Flexibel auf das Gruppengeschehen reagieren,
  interessante Lernchancen möglicherweise durch geeignete Interventionsform hervorheben,
  bestimmte Interaktionsmuster transparent machen,
  stets abwägen, was wichtiger ist, das Spiel oder die Inhalte

- die Sicherheit der SpielerInnen gewährleisten
  Gefahrenpunkte im Auge behalten und dort präsent sein
  Hilfestellung geben
  Sicherheitsvorkehrungen treffen

- klares Ende setzen

- bei Beendigung des Spiels Signal geben und wieder die Moderation übernehmen

(vgl. auch NEPAL, unveröffentlichte Arbeitsblätter)

Die Reflexions-phase

Die Reflexionsphase

«Ein kluger Mensch macht nicht alle Fehler selbst. Er gibt auch anderen eine Chance»

(frei nach Winston Churchill)

Eine Person befindet sich mit einem Boot auf einem großen ruhigen See und angelt. Zuerst beobachtet sie die Oberfläche und hält Ausschau, wo wohl die größten und besten Fische sind und kreist sie dann langsam ein. Um diese aber auch zu bekommen bleibt ihr nur die Möglichkeit, die Angel auszuwerfen und darauf zu warten, ob der Fisch nach der Angel schnappt oder seiner Wege zieht.

Bei der Reflexion ist es ähnlich wie beim Fischen auf einem See. Die Spielleitung ist die Person in dem Boot, die genau darauf achten muss, wo auf dem See, der das Feld der möglichen Erfahrungen und Erlebnisse der Spieler darstellt, sich die Fische befinden. Dann kann sie durch bestimmte Methoden und Techniken versuchen, die wichtigsten Themen «einzukreisen». Aber sie kann nur bedingt Einfluss darauf nehmen, ob die Spieler sich auf das Angebot einlassen und sich mit ihren Erfahrungen und Erlebnissen bewusst auseinandersetzen oder nicht (vgl. Rohnke/Butler 1995, 34).

Diese Metapher verdeutlicht sehr schön die Rolle und Aufgabe der Spielleitung in der Reflexionsphase, wobei die Allegorie dann auch zu Ende ist, da die Spieler am Ende nicht wie Fische jämmerlich am Haken zappeln sollen. Neben der Rolle der Spielleitung geht es in diesem Kapitel noch um Grundregeln der Reflexion, Vorgehensweisen, wie man was fragen kann und generelle Tipps für die Durchführung von Reflexionen.

Rolle und Aufgabe der Spielleitung

Zu Beginn der Reflexionsphase gibt die Spielleitung ihre passive Beobachterrolle auf und leitet mit gezielten Impulsen die Reflexion ein. Ihre Aufgabe ist es, die Spieler auf die anstehende Reflexion einzustimmen und einen Rahmen abzustecken, in dem sich die Teilnehmer sicher fühlen können. Das ermöglicht die Bereitschaft der Einzelnen sich zu öffnen und miteinander in den Dialog zu treten. Einige dieser Grundprinzipen, die für die Reflexion gelten sollten, und eine Atmosphäre der Sicherheit und des Vertrauens fördern, sind:

- Das Prinzip «Challenge by Choice», d.h. jeder nimmt an dem Prozess in dem Maße teil, wie er es möchte. Jeder ist für sich selbst verantwortlich. Es liegt in der Eigenverantwortung des Einzelnen, ob und wie er sich an dem Prozess beteiligt.
- Alle Teilnehmer gehören zur Gruppe, egal welche Probleme durch einzelne Mitglieder entstehen sollten. Nur die Spielleitung ist in der Lage dies zu ändern.
- Alles was innerhalb der Gruppe besprochen wird, ist Angelegenheit der Gruppe und dringt nicht nach außen, es sei denn die betroffene Person gibt dazu ihre Einwilligung.

- Es gibt mehr als eine Wahrheit. Meinungen und Wahrnehmungen von Teilnehmern sollten als persönliche Sichtweise akzeptiert werden. Im Mittelpunkt steht der Versuch den Anderen zu verstehen und nicht zu beurteilen.
- Gewalt, auch verbaler Art, ist nicht akzeptabel.
- Immer nur eine Person spricht, die anderen versuchen zu verstehen, was diese Person ihnen mitteilen möchte. Eine solche Regel kann z.B. auch durch einen Redeball eingeführt werden. Immer nur der Besitzer des Redeballs hat das Wort.

Inwieweit die Spielleitung diese Prinzipien explizit erklärt oder nicht, ist nicht so entscheidend wie die Bedingung, dass sich die Spielleitung an diese Regeln hält, da sie eine ganz klare Modellfunktion besitzt. Sie kann von der Gruppe nicht ein Verhalten erwarten, zu dem sie selbst nicht bereit ist. Nachdem eine Atmosphäre der Sicherheit und des Vertrauens in der Reflexionsphase gefördert und etabliert wurde, sollte sich die Spielleitung wieder mehr und mehr zurücknehmen. Ihre Rolle ist die eines sensiblen Moderators, der den Spielern zuhört und sie in ihrem Bestreben, ihr jeweiliges Ziel zu erreichen, unterstützt. Die Spieler sind für sich selbst verantwortlich und es ist wichtig, dass sie selbständig Antworten auf ihre Fragen finden. Ein Spielleiter sollte aber darüber hinaus auch wie ein Weber die Beiträge der einzelnen Teilnehmer miteinander «verknüpfen», sodass diese zusammen etwas Neues, Ganzes ergeben. Ziel ist es, Beziehungen zwischen den einzelnen Beiträgen herzustellen, und die Spieler zu ermutigen, sich direkt aufeinander zu beziehen.

Ein gutes Indiz dafür, ob dies gelungen ist, ist die eigene Redezeit. Sollte die Spielleitung merken, dass sie die meiste Zeit redet, wichtige Dinge benennt und Lernziele hervorhebt, ist dies meist ein Zeichen für die Notwendigkeit, das eigene Gesprächsverhalten kritisch zu überprüfen.

Die Rolle der Spielleitung verändert sich also im Laufe der Reflexion von einer zentralen Figur, die im Mittelpunkt steht und Vorgaben macht, hin zur Moderation, die sich allmählich zurück nimmt und möglichst alle Teilnehmer in das Gespräch mit einbezieht.

Grundregeln einer Reflexion

Während der Reflexion muss die Spielleitung verschiedenste Anforderungen erfüllen. Viele davon sind rollenabhängig und verändern sich im Laufe des Prozesses, aber es gibt auch zentrale Anforderungen, deren Umsetzung über die gesamte Dauer der Reflexion hinweg Aufgabe der Spielleitung ist.

- **A** ktives Zuhören
- **U** mgang mit Konflikten
- **F** eedback als Methode
- **G** ewährung von wertfreien Äußerungen
- **A** nsatz am Positiven
- **B** edürfnisorientierung
- **E** rmöglichen von Veränderungen

(vgl. Priest/Gass 1997, 224)

Aktives Zuhören

Aktives Zuhören ist eine Fähigkeit, die eine Spielleitung generell beherrschen sollte. In der Reflexionsphase ist diese Fähigkeit besonders gefordert, da die Spielleitung den Spielern richtig zugehört haben muss, um die passenden Fragen stellen zu können und um deren Bedürfnisse und Wünsche zu verstehen und zu erkennen. Oft formulieren die Teilnehmer ihr eigentliches Anliegen nicht und die Spielleitung ist gefordert, zwischen den Zeilen zu lesen und das Wesentliche herauszuhören. Die Basis dafür bilden Akzeptanz und Empathie. Es ist ganz wichtig, dass der Spielleiter die Teilnehmer so akzeptiert wie sie sind und versucht, sich in deren Denken hineinzuversetzen und sie zu verstehen. Ohne die Grundlage/das Fundament der Wertschätzung und Empathie reduziert sich die Gesprächsführung auf eine rein mechanische, im Sinne einer Technik angewandten Form. Diese mag zwar dazu geeignet sein, Informationen zu erfragen, die emotionale Basis für eine Atmosphäre des Vertrauens wird sich so jedoch kaum herstellen lassen. Teilnehmer besitzen i. d. R. sensible Antennen dafür, ob ein Spielleiter sich authentisch verhält und reagieren dementsprechend. Dieser sollte sich deshalb immer über die Wirkung seines eigenen Verhaltens bewusst sein.

Die wesentlichen Merkmale bei der Umsetzung des aktiven Zuhörens sind folgende:

- Blickkontakt: Die sprechende Person soll wissen und fühlen, dass ihr wirklich zugehört wird, dass da jemand ist, der sich auf das Gesagte konzentriert.
- Bestätigung: Um die sprechende Person über den Blickkontakt hinaus zu unterstützen ist es hilfreich, der sprechenden Person Minimalbestätigungen zu geben, kurze Äußerungen oder Körpersignale wie Kopfnicken etc. zu machen.
- Kongruenz/Echtheit: Diese Äußerungen sollten authentisch sein, d.h. die Spielleitung sollte sich wirklich auf die sprechende Person konzentrieren und nicht mit den Gedanken woanders sein oder schon überlegen, wie sie antworten möchte.

- Zurückhaltung und Geduld: Wenn die Person ihren Redefluss unterbricht, sollte die Spielleitung nicht direkt etwas erwidern sondern zunächst abwarten, um der Person die Möglichkeit zu geben weiter sprechen zu können.
- Spiegeln und Verbalisieren: Nachdem die Person geendet hat, ist es oft hilfreich das Gesagte noch mal in eigenen Worten wiederzugeben. Dadurch können Missverständnisse verhindert werden, und die Person fühlt sich bestätigt.

Umgang mit Konflikten

Eine Gruppe von Jugendlichen ist tief empört über die Spielleitung. Diese hatte der Gruppe die Aufgabe gegeben, die «Wall», eine ca. 2 1/2 Meter hohe Bretterwand zu überqueren, ohne Hilfsmittel zu benutzen. Die Holzwand war so gebaut, dass auf der Rückwand eine Art Podest befestigt war, so dass für die Personen, die es geschafft hatten die Möglichkeit bestand, den anderen Mitspielern von oben zu helfen. Im Laufe der Aufgabe wurde die Stimmung in der Gruppe immer intensiver und angespannter, da einige Gruppenmitglieder sehr große Angst hatten und sich zunächst nicht trauten, die Wand zu überqueren. Obwohl die Gruppe erfolgreich war, äußerten viele Spieler in der Reflexion ihr Unverständnis darüber, dass sie eine solche Aufgabe gestellt bekommen hatten.

Kooperative Abenteuerspiele versuchen die Spieler herauszufordern, sie werden bewusst in eine für sie neuartige Situation gebracht. Es ist verständlich, dass nicht alle Teilnehmer darüber dankbar und erfreut sind. Situationen wie oben beschrieben sind durchaus denkbar. In solchen Fällen ist die Spielleitung direkt gefordert. Zum Einen da eine gute Beziehung zur Gruppe enorm wichtig ist, zum Anderen durch den Modellcharakter der Situation, da die Spieler ihr Konfliktverhalten danach ausrichten werden, wie die Spielleitung mit Konflikten umgeht.

- Zunächst ist es wichtig, dass die Spielleitung alle aufkommenden Konflikte direkt anspricht. Sie sollte versuchen, der Gruppe ihre Beweggründe zu erklären und die Spieler bitten, ihre Sichtweise darzustellen.
- Die Spielleitung sollte den Spielern vermitteln, dass verschiedene Sichtweisen möglich sind und alle aus ihrer Perspektive heraus verständlich sind.
- Die Spielleitung sollte den positiven Aspekt des Konfliktes herausstellen. Es geht darum, den Teilnehmern nahe zu bringen, dass solche Situationen auch Lernchancen bieten. Durch die Konfrontation kann es zu Veränderung kommen.
- Ziel der Diskussion sollte es sein, den Konflikt zu klären und nicht andere bloßzustellen zu bevormunden oder abzuwerten. Es muss klar werden, dass es nicht darum geht andere zu bewerten oder einen Schuldigen zu finden.
- Es ist wichtig, sich offen und ehrlich gegenüber der Gruppe zu verhalten und fähig zu sein, eigene Fehler einzugestehen. Die Spieler müssen erkennen können, dass es sich um eine partnerschaftliche Auseinandersetzung handelt.

Feedback als Methode

Eine weitere wichtige Methode in der Reflexion ist das Feedback. Dieses wird systematisch und nach bestimmten Regeln eingesetzt. Es dient dazu, «emotionale Zustände und Beziehungen zwischen den Gruppenmitgliedern zu verbessern und damit gleichzeitig eine optimale Grundlage für das Lernen zu schaffen» (Keller/Novak1979, 119). Die einzelnen Teilnehmer sollten sich in ihren Redebeiträgen direkt aufeinander beziehen, ohne den Umweg über den Spielleiter. Aber nicht jede direkte Rückmeldung ist sinnvoll für das Gespräch und fördert die Diskussion. Mit der Methode des Feedbacks ist es möglich, die positive Wirkung direkter Rückmeldungen zu fördern und negative Effekte zu vermindern. So können positive Verhaltensweisen gestützt und gefördert und unangemessene korrigiert werden, ohne dass sich die Teilnehmer angegriffen fühlen müssen. Ein weiterer Vorteil des Feedbacks ist die Klärung der Beziehung zwischen den Personen.

Inwieweit bestimmte Regeln des Feedbacks explizit eingeführt werden, ist jeweils abhängig von der Gruppe und der Spielleitung. Dennoch sollte sich die Spielleitung mit dieser Methode auseinandergesetzt haben und sie selbst anwenden. Grundprinzipien eines positiven Feedbacks sind:

- Die Rückmeldung sollte erwünscht sein. Ein Feedback ist meistens nur sinnvoll, wenn die betreffende Person eine Rückmeldung haben möchte.
- Ein Feedback sollte immer subjektiv, d.h. als Ich-Botschaft formuliert werden. Aufgabe der Rückmeldung ist es, der betreffenden Person die Möglichkeit zu geben, Informationen zu bekommen und nicht, die Person zu bewerten.
- Die Rückmeldungen sollten sich auf konkrete Situationen beziehen und nicht verallgemeinern.
- Sinn eines Feedbacks ist die Klärung gegenseitiger Wahrnehmungen. Wie war es gemeint und wie ist es verstanden worden? Wichtig ist die Berücksichtigung der Interessen aller Beteiligten.
- Das Feedback muss konstruktiv und auf die Verbesserung der Kommunikation ausgerichtet sein. Die empfangende Person sollte die Möglichkeit haben, die Rückmeldung positiv umsetzen zu können.
- Ein Feedback muss immer einen positiven Anteil haben und nicht nur Kritik beinhalten.
- Das Feedback ist eine Hilfe für die betreffende Person. Rückmeldungen deren eigentliches Ziel es ist, sich selber ins rechte Licht zu rücken sind fehl am Platz.
- Das Feedback muss zur rechten Zeit geschehen. Sinnvollerweise ist dies relativ dicht am eigentlichen Geschehen, aber hierbei spielt auch die Bereitschaft der betreffenden Person eine Rolle, wann diese ein Feedback bekommen möchte und wann nicht.

(vgl. Antons 1998, 98-111)

Gewähr von Neutralität

Die Spielleitung sollte sich wertneutral verhalten und alle Teilnehmer unterstützen, ohne sich bei Kontroversen auf eine bestimmte Seite zu stellen. Die Grenze dieser Forderung ist nur dann erreicht, wenn einzelne Personen gegen eine der Grundregeln verstoßen und versuchen Gruppenmitglieder auszuschließen oder zu beleidigen. In diesen Fällen hat die Spielleitung ganz klar Stellung zu beziehen, um die Atmosphäre und das Gruppenklima nicht zu gefährden.

Auch die Beurteilung des Spielergebnisses verlangt Neutralität. Die Spielleitung sollte versuchen, auf Bewertungen zu verzichten und die Gruppe so anregen sich selbst eine Beurteilung zu geben. Auch das wohlmeinende Lob an die Gruppe, eine Aufgabe hervorragend gelöst zu haben, ist daher kritisch zu sehen. Durch negative wie positive Kommentare nimmt die Spielleitung die Position ein, für die Spieler zu entscheiden, ob sie zufrieden sein können oder nicht. Viel mehr sollte es Ziel sein, die eigene Urteilsfähigkeit der Spieler zu fördern. Sonst wird die Gruppe auch bei zukünftigen Aufgaben ihre eigene Leistung von der Beurteilung des Spielleiters abhängig machen.

Es gibt hierbei jedoch auch Ausnahmen. Generell ist es günstiger, wenn die Spieler selbst Kritik an ihrer Leistung üben oder überlegen, wo und wie sie sich verbessern können und dies nicht durch Außenstehende geschieht. Dadurch wird gewährleistet, dass es sich um einen Lernprozess der Gruppe bzw. des Einzelnen handelt und nicht um einen Prozess, der verordnet wurde. Doch manche Gruppen, sind dazu nicht in der Lage. Zum Einen ist dies der Fall bei ganz neu zusammengekommenen Gruppen, in denen die Mitglieder noch keine festen Positionen haben, sich noch zuwenig kennen und sich die einzelnen Teilnehmer nicht trauen, eine gegenläufige Meinung zur Gruppe einzunehmen oder einzelne Spieler zu kritisieren. Zum Anderen gehören ganz enge Gruppen zu diesem Kreis. Gruppen, in denen die einzelnen Mitglieder einen unheimlich intensiven, engen Kontakt untereinander haben, ganz viele Gemeinsamkeiten haben, besitzen meist einen unheimlich hohen Gruppendruck, der oft positiv aber manchmal auch negativ sein kann. Innerhalb der Gruppe herrscht meistens die Meinung: «Unsere Gruppe hat einen super Zusammenhalt», «Wir sind eine Spitzen-Gruppe!». Das kann stimmen, muss aber nicht und bei letzterem trauen sich einzelne Spieler oft nicht dies offen anzusprechen und sich gegen die Gruppe zu stellen.

In diesen Fällen ist es oft sinnvoll und zeitsparender, wenn die Leitung der Gruppe eine Fremdeinschätzung gibt. Diese sollte aber immer in Form eines Feedbacks (siehe oben) geschehen oder in Form von Fragen, die die Gruppe anregen, ihre Grundeinstellung zu überdenken. Wichtig ist hierbei aber, dass sich die Gruppe trotzdem akzeptiert fühlt und nicht das Gefühl bekommt, abgewertet worden zu sein.

Ansatz am Positiven

Die Spielleitung sollte in der Reflexion die positiven Seiten der Spieler und der Gruppe hervorheben. Selbst wenn einzelne Spieler oder die gesamte Gruppe immer wieder zu bestimmten unangemessenen Verhaltensmustern neigen, z.B. während der Spiele immer nur einseitig kommunizieren, sich gegenseitig nicht zuhören, sollte die Spielleitung eine Situation auswählen, in der dies nicht der Fall war. Es geht nicht darum, Schuldfragen zu klären oder Probleme zu zerreden. In der Reflexion ist es wichtig, dass die Gruppe lösungsorientiert handelt und versucht Stärken auszubauen. Die Spielleitung hat die Aufgabe, die Teilnehmer auf ihrem Weg zu begleiten. Dazu muss sie sich an Ressourcen orientieren und gemeinsam mit der Gruppe nach Lösungen suchen.

Bedürfnisorientierung

Eine der Hauptaufgaben der Spielleitung ist es, Spieler- und bedürfnisorientiert zu agieren. Es kommt vor, dass die Teilnehmer in ihrem Lernprozess ins Stocken geraten und sie keine Richtung mehr für sich erkennen können. Besonders zu Beginn einer Spieleinheit ist dies häufig zu beobachten. In diesen Situationen ist es wichtig, dass die Spielleitung versucht die Wünsche und Bedürfnisse der Spieler zu erkennen und zu erfahren. Diese Klärung ist ein Prozess, der sich durch die gesamte Spieleinheit zieht. Je genauer sich diese an den Bedürfnissen der Spieler orientiert, desto effektiver kann die Reflexion verlaufen.

Ermöglichen von Veränderungen

Die Reflexion ist der letzte Teil der Abenteuerwelle und es gilt, den begonnenen Lernprozess weiterzuführen und schon erreichte Erkenntnisse bewusst zu machen. Zusätzlich müssen die Spieler die Möglichkeit erhalten, zu experimentieren und neue Verhaltensweisen und Denkmuster auszuprobieren. Oft ist es von der reinen Erkenntnis bis zur Umsetzung ein weiter und manchmal verwirrender Weg. Bedingung für ein solches Lernfeld ist eine Atmosphäre der Sicherheit und des Vertrauens.

Eine Methode, die zum Experimentieren mit neuen Verhaltensweisen anregt, ist «Papierkorb und Schatztruhe». Die Gruppe bekommt zwischen den verschiedenen Aufgaben immer wieder die Möglichkeit zu überlegen, welche der von ihr gezeigten Verhaltensweisen sie in den Papierkorb werfen, und welche sie in die Schatztruhe legen möchte. Welche sind es wert, beibehalten zu werden und auf welche sollte lieber verzichtet werden?

Die Themenwahl

Grundsätzlich dient die Reflexion der Auseinandersetzung mit Erfahrungen und Erlebnissen während der Spielaktion, sie ist die Fortsetzung der Welle. Themen der Reflexion können einzelne Spielsituationen sein, Konflikte innerhalb der Gruppe, individuelle Gefühlszustände der Spieler, bestimmte Verhaltensweisen der Gruppe u.s.w. Zu Anfang der Reflexion sollte die Spielleitung gemeinsam mit den Teilnehmern klären, ob die Ereignisse während des Spieles auf der Sachebene, der Gruppenebene oder der Einzelebene thematisiert werden sollen.

Sachebene:	Auseinandersetzung mit dem Spiel an sich. Inwieweit ist es anwendbar? Was ist zu beachten? Was ist bei der Spielanleitung zu bedenken?
Gruppenebene:	Wie hat die Gruppe zusammengearbeitet? Was für ein Kommunikationsstil war vorherrschend? In welcher Form wurde Führung übernommen? Welche Auswirkungen hatte das auf die Gruppe?
Einzelebene:	Wie hat sich jeder Einzelne in der jeweiligen Situation verhalten? Wie ist der Einzelne mit möglichen Bedenken umgegangen? Warum hat der Einzelne so reagiert? War jeder mit seiner Rollenzuschreibung zufrieden?

Gruppen- und Einzelebene sind häufig nicht strikt voneinander zu trennen, da sie eng miteinander verknüpft sind. Wichtig ist der jeweilige Fokus. Ist es das erklärte Ziel, Gruppenprozesse zu beleuchten, festgefahrene Cliquen aufzubrechen, oder geht es um die Verhaltensmuster und Denkweisen der einzelnen Teilnehmer? Manchmal bedingt das eine auch das andere und die Reflexion entwickelt sich anders als geplant. Die Spielleitung sollte in solchen Fällen gemeinsam mit der Gruppe klären, auf welcher Ebene weiter gearbeitet werden soll.

Nach einer Spielsituation soll in der Reflexion geklärt werden, wie die Gruppe ihre Zusammenarbeit verbessern könnte. In mehreren Redebeiträgen beziehen sich einige Spieler auf ein bestimmtes Gruppenmitglied und kritisieren dessen Verhalten. Nach und nach schließen sich immer mehr Spieler dieser Kritik an und am Ende geht es nicht mehr um eine Verbesserung der Gruppenzusammenarbeit, sondern um die Verhaltensänderung eines Gruppenmitgliedes.

In einem solchen Fall muss die Leitung intervenieren und diesen Spieler schützen. Entweder indem sie den Fokus wieder auf die gesamte Gruppe richtet oder das Verhalten jedes einzelnen Spielers zum Thema macht. Eine weitere Schwierigkeit besteht darin, dass für Probleme auf der Einzel- oder Gruppenebene häufig inhaltliche oder sachliche Aspekte verantwortlich gemacht werden. Besonders wenn eine Gruppe ein Spiel nicht oder nur unter größten Anstrengungen und Mühen geschafft hat, bezie-

hen die Spieler dies gerne auf das Spiel und dessen Aufbau. Bemerkungen in dieser Richtung sollte die Spielleitung direkt unterbinden oder eigens ansprechen. Denn durch die Kritik am Spiel selbst, tritt das Agieren der Gruppe und der einzelnen Spieler in den Hintergrund und mögliche Lernchancen geraten aus dem Blickfeld.

Meistens ist die Anzahl potentieller Themen bei diesen Spielen immens. Um eine Reflexion so effektiv wie möglich zu gestalten, ist es jedoch wichtig, sich auf ein bis zwei Themenbereiche zu beschränken und die Teilnehmer auf diese Aspekte zu konzentrieren. Deshalb ist die aufmerksame Beobachtung während der Aktion enorm wichtig. Aus den Informationen während des Spielgeschehens trifft die Spielleitung eine erste Themenauswahl für die Reflexion. Neben dieser direkten Fokussierung, ist es wichtig, offen zu bleiben für Wünsche, Anregungen und Thematiken der Spieler. Diese haben meist das Bedürfnis, sich über ihre z. T. sehr intensiven Erlebnisse während des Spielgeschehens auszutauschen. Alle Spieler nehmen das Spiel anders wahr, empfinden es unterschiedlich.

Während es einige als reinen Spaß ansehen, kostet es andere vielleicht eine große Überwindung, mit verbundenen Augen durch ein Waldstück zu laufen und dabei einem sehenden Mitspieler zu vertrauen.

Diese Erlebnisse sind das Kernelement Kooperativer Abenteuerspiele und deshalb ist es wichtig, ihnen in der Reflexion Aufmerksamkeit zu schenken. Die Gratwanderung zwischen eigener Themenauswahl und Offenheit gegenüber den Anliegen der Spieler ist der der Zielüberlegungen während der Planungsphase sehr ähnlich. Natürlich ist es wichtig, der Reflexion eine Zielrichtung zu geben, sie unter ein bestimmtes Thema zu stellen da sie ansonsten droht zu einer reinen Diskussionsrunde zu verflachen. Gleichzeitig muss die Spielleitung besonders in der Reflexionsphase offen und flexibel für nicht erwartete Erfahrungen der Teilnehmer bleiben. Die Reflexionsphase sollte den Spielern Raum geben, sich einzubringen und ihre Gedanken zum Spiel zu äußern.

Vorgehensweisen in der Reflexion

«Was hat euch geholfen, die vorherige Aufgabe so zu lösen, wie ihr es getan habt?» «Was ist euch an eurer Gruppe aufgefallen?» Reflexionen, die mit einer solchen Frage beginnen, enden oft schon einige Minuten später. Ein Gruppenmitglied sagt vielleicht z.B. «Na ja, Teamwork halt». Dann ist es nicht selten der Fall, dass sich weitere 20 Spieler dieser Meinung anschließen, womit die Reflexion in einer Sackgasse endet.

Spielleiter, die bereits solche Erfahrungen gemacht haben, scheuen sich deshalb häufig davor Reflexionsrunden durchzuführen und zu leiten. Mit dem entsprechenden Know-how wäre dies freilich vermeidbar. Es ist in der Tat ein anspruchsvolles Unterfangen eine Reflexion zu leiten, aber es ist weder Zauberei noch reine Intuition, sondern basiert, wie die ganze Spielleitung, auf bestimmten Theorien und Strategien. Kommen wir noch einmal auf die Eingangsfrage des oben genannten Beispiels zurück: Sie ist durchaus berechtigt, doch ihr Zeitpunkt war schlecht gewählt. Für die meisten Spieler ist es ungewohnt, sich mit sich selbst auseinander zusetzen. Sie fühlen sich überfordert und unwohl, wenn die Spielleitung unmittelbar auf bestimmte Themen und Probleme eingeht und diese anspricht. Deshalb ist es wichtig, die Teilnehmer langsam an die entscheidenden Fragen und Thematiken heranzuführen und mit einfachen situationsbeschreibenden Fragen anzufangen. Terry Borton hat ein Konzept zur Strukturierung von Reflexionseinheiten entwickelt. Es greift den Punkt auf und bestiecht durch seine Einfachheit. Von Priest und Gass wurde es durch den «Funneling Approach» erweitert. Die folgende Theorie ist ein Zusammenschluss von Bortons Theorie und dem Funneling Approach von Priest und Gass, da sich beide Konzepte hervorragend ergänzen.

Den Anfang einer danach strukturierten Reflexion bildet das «What?». Die Spielleitung beginnt mit einer Sammlung von Eindrücken der Spieler: Wie haben diese die Aktion und bestimmte Situationen wahrgenommen. An die Gruppe gerichtete Fragen beziehen sich nur auf Fakten und sind rein deskriptiv. Das ermöglicht es, zu erkennen, wie die einzelnen Spieler die Aktion erlebt haben, ob es unterschiedliche Wahrnehmungen gibt u.s.w..

Wie hat euch das Spiel gefallen? Was ist dann passiert? Wie hat sich die Gruppe daraufhin verhalten? Was hast du in der Situation getan? Wie ist die Aktion abgelaufen?

Durch diese deskriptiven Fragen wird den Spielern der Einstieg in die Auseinandersetzung erleichtert, da es zunächst nur um «Tatsachen» geht. Wichtig ist dabei, dass die Fragen offen sind, d.h. nicht nur mit «Ja» oder «Nein» beantwortet werden können, sondern ein eigenes Statement erfordern.

Die Fragen sollten zudem so gestellt werden, dass den Spielern die Situation wieder präsent wird, sie alle ihre Eindrücke einbringen können. Dabei sollte die Spielleitung darauf achten, dass die Teilnehmer das Gefühl bekommen, die Kontrolle über das Geschehen zu haben und dass sie nicht zu etwas gezwungen werden. Falls die Spielleitung ein Thema gewählt hat, das sich nicht an den Bedürfnissen der Spieler orientiert, wird dies in dieser Runde spürbar. Die Gruppe zeigt sich nicht sehr gesprächig oder versucht Situationen umzudeuten oder zu leugnen. In solchen Fällen sollte die Spielleitung nicht auf ihren Vorgaben beharren, sondern ein anderes Thema wählen, da eine direkte Konfrontation für den angestrebten Lerneffekt nicht besonders förderlich ist.

Nach der Bestandsaufnahme beginnt der nächste Schritt, das «So What?». Damit ist die Interpretation der Ereignisse gemeint. Es geht darum, dass die Spieler eine Beziehung zwischen dem Spielgeschehen und sich selbst herstellen. Die Fragen sollten so gestellt werden, dass die Teilnehmer sich über ihre eigene Rolle und Verantwortung für das Spielgeschehen klar werden können.

Was hast du dazu beigetragen, dass das Spiel diesen Verlauf genommen hat? Wieso ist die Gruppe so vorgegangen? Wie würdest du eure Zusammenarbeit bewerten? Seid ihr zufrieden mit dem Spielverlauf? Welche Rolle hattest du während dieser Aktion und warum?

In dieser Phase beginnt die Analyse der Ereignisse. Inwieweit ist ein solches Verhalten typisch für einen selbst, für die Gruppe. Die Spieler können lernen bzw. begreifen, dass sie für ihr eigenes Tun selbst verantwortlich sind.

Für die nächste Phase charakteristisch ist das «Now What?». Salopp übersetzt würde man wohl sagen «Und nun?». diese Formulierung ist insofern treffend, da es nun um die Umsetzung der neu erlangten Erkenntnisse geht: Was wollen die Spieler und/oder die Gruppe mit den neu erlangten Erkenntnissen anfangen, wie möchten sie damit umgehen? Es gibt zwei Möglichkeiten: Entweder so zu bleiben, sich so zu nehmen wie man ist oder der Wunsch spezielle Verhaltensmuster, Denkbilder und Emotionen verändern zu wollen. Dazu gehören auch Überlegungen für die nächste Aktion. Die Spieler können sich selbst Ziele setzen, die sie im nächsten Spiel umzusetzen versuchen. Dies ist die Zeit des Experimentierens, des Ausprobierens.

Für eine Abschlussreflexion gilt, dass die zuvor generalisierten Erkenntnisse in die Realität übertragen werden.

Wenn wir dieses Spiel noch mal spielen würden, was würdest du persönlich anders machen wollen? Welche Parallelen gibt es zwischen der Aktion und deinem Alltag? Gibt es etwas, was du hier gelernt hast und in deinem Beruf gebrauchen kannst? Wie möchtest du dich verhalten, wenn du wieder in dieser Situation bist? Was wirst du verändern, wenn du wieder zu Hause bist?

Wichtig ist, dass die Teilnehmer selbst Verbindungen herstellen (vielleicht auch in Form einer Metapher). Sie müssen Parallelen finden, um neu erlernte Denkweisen und Verhaltensmuster im Alltag anwenden zu können. Die Spieler werden aufgefordert, die zuvor hergestellten Verbindungen zu konkretisieren und in Zielformulierungen umzuwandeln. Sie sollten ihre Antworten in Ich-Botschaften formulieren, um eine Abweichung in abstrakte Formulierungen zu vermeiden. Ziel ist es, dass die Spieler ganz konkrete Ziele wählen, die sie in nächster Zeit erreichen wollen.

Praktische Tipps zur Durchführung einer Reflexion.

Es existiert eine breite Palette von Reflexionsmethoden: Von an sich selbst adressierte Briefe, bis hin zu Tonarbeiten und Pantomime. Die gängigste Methode ist die Gruppendiskussion. Oft bleibt sie die einzige, sie kann sich aber auch an einen Kreativteil anschließen, um den Teilnehmern die Möglichkeit zu geben, sich im nachhinein in der Gruppe auszutauschen. Im Rahmen dieses Buches ist es unmöglich, sämtliche Reflexionsmethoden darzustellen und zu erläutern. Aber relevanter als die Methode sind Fragen und Zielsetzung, welche hinter dem Medium stecken. Die folgenden Hinweise beziehen sich auf die Gesprächsrunde. Sie ist die klassische Form der Reflexion und ist in den meisten Methoden mit beinhaltet.

- Die geeignetste Versammlungsform für eine Gruppendiskussion ist der Kreis (oder zumindest ein kreisähnliches Gebilde). Die Kreisform ermöglicht es, dass alle Teilnehmer sich wahrnehmen und zuhören können.
- Die Spieler sollten sich aber darauf einigen, entweder zu stehen oder zu sitzen. Eine einheitliche Form ermöglicht einen besseren Blickkontakt. Die Spieler sollten sich nicht hinlegen, da eine solche Körperhaltung konzentrationshemmend wirkt.
- Wichtig ist, dass die Spieler sich wohl fühlen können. Alle Grundbedürfnisse wie Hunger und Durst sollten befriedigt sein, so dass sich die Gruppe ganz auf das «Hier und Jetzt» konzentrieren kann.
- Die Nachbesprechung bzw. Reflexion sollte möglichst unmittelbar im Anschluss an die Spielaktion erfolgen. Denn je enger das Erlebnis mit der Reflexion verbunden ist, desto nachhaltiger.
- Bei ganz- oder mehrtägigen Maßnahmen tendieren viele Leitungsteams dazu, die Reflexionen auf den Abend zu verlegen. Dies kann den Nachteil haben, dass die Teilnehmer müde und nicht mehr besonders konzentriert sind. Außerdem kann es vorkommen, dass die Zeitplanung nicht aufgeht und die Gruppe erst spät mit den Tagesaktionen fertig wird. Die Reflexion wird dann oft verschoben oder fällt sogar ganz weg.
- Um die Verbindung von Aktion und Reflexion zu unterstreichen, kann es sinnvoll sein, «methodische Impulse (zu) wählen, die eine symbolische Anknüpfung an die entsprechende Erfahrung ermöglichen» (NEPAL, unveröffentlichte Arbeitsblätter).
- Es empfiehlt sich, stets eine Reflexionsphase anzuschließen. Die Spieler wissen dadurch, dass die Spiele thematisiert werden und achten zum einen mehr auf das Spielgeschehen und sind zum anderen beruhigt, da sie wissen, dass alles noch mal angesprochen werden kann. Natürlich sollte diese Empfehlung nicht wortwörtlich genommen werden. Selbst wichtige Dinge können zerredet werden und ständige Reflexionen stören den Spielfluss und die Spieler ermüden oder langweilen sich. Die Spielleitung sollte die Teilnehmer beobachten und daraufhin einschätzen oder fragen, ob eine Reflexion sinnvoll ist oder nicht.
- Die ersten Reflexionsrunden mit einer Gruppe sollten relativ einfach strukturiert sein und nicht zu sehr in die Tiefe gehen. Für viele Personen ist es völlig ungewohnt, ihr eigenes Verhalten zu analysieren und in Frage zu stellen. Deshalb empfiehlt es sich, diesen Prozess langsam anzugehen, so dass sich die Spieler daran gewöhnen können und damit vertraut werden. Zu Beginn ist es nur wichtig zu zeigen, dass Reflexionen statt finden. Dazu reichen auch schon kurze Stimmungsbarometer oder Mini-Statements in Form eines Blitzlichtes. Mit der Zeit können die Runden dann komplexer und intensiver werden, wobei darauf zu achten ist, dass sie trotzdem klar und überschaubar bleiben.
- Wenn eine Gruppe neu zusammengekommen ist und die Spieler Probleme haben, sich zu artikulieren, empfiehlt es sich, zunächst mit nonverbalen Reflexionsmethoden

zu starten und die Einheit so zu gestalten, dass die Spielleitung eine These in den Raum stellt, der die Teilnehmer dann in unterschiedlichen Abstufungen zustimmen bzw. nicht zustimmen können. Sehr gut haben sich hier Methoden bewährt wie das «Punkte-Blitzlicht» (die Teilnehmer geben mit ihren Fingern Punkte an. 10 für volle Zustimmung, 1 für gar keine Zustimmung) oder der «Hammelsprung» (die Spieler ordnen sich bei jeder von der Spielleitung aufgestellten These verschiedenen Zonen, einer Ja- bzw. Nein–Zone zu, die durch ein gespanntes Seil getrennt voneinander sind).

- Generell sollten alle aufkommenden Themen, Probleme und Fragen in der Reflexion bearbeitet werden können. Grenzpunkte dieser Forderung sind zum einen aber die Kompetenzen und Fähigkeiten der Spielleitung und zum anderen deren Legitimation bzw. die Erlaubnis der Spieler. Die Spielleitung sollte nur Themen, Probleme und Fragen in der Reflexion aufgreifen, für deren Bearbeitung sie die notwendigen Fähigkeiten und Kompetenzen mitbringt.
- Eine Reflexionsrunde sollte sich auf ein bis zwei Themen beschränken, damit die Teilnehmer in ihrer Konzentration nicht überfordert werden und das Interesse am Gespräch behalten.
- Deshalb ist eine weitere wichtige Aufgabe der Spielleitung die Zentrierung der Spieler auf das «Hier und Jetzt». Wenn einzelne Spieler zu sehr vom Thema abweichen oder einer Frage ausweichen, die für den Prozess wichtig ist, ist es Aufgabe der Spielleitung sie auf ihren Anknüpfungspunkt zurückzubringen.
- In einer Gruppendiskussion kommt es oft vor, dass sich die einzelnen Gruppenmitglieder gegenseitig beeinflussen. Um diesen Einfluss möglichst gering zu halten, ist es hilfreich, Fragen, die an alle Spieler gerichtet sind, so zu stellen, dass alle gleichzeitig eine Antwort formulieren müssen. Eine beliebte Form der Bewertung ist die, auf einer Skala. Wie schätzt ihr euer Gemeinschaftsgefühl auf einer Skala von 1-10 ein? Werden alle Teilnehmer nacheinander befragt, werden sich die Antworten immer gegenseitig beeinflussen. Um dies zu verhindern, kann man den Teilnehmern die Anweisung geben, die Augen zu schließen und auf ein Kommando hin, gleichzeitig ihre Bewertung mit den Fingern anzeigen. Eine andere Möglichkeit ist die schriftliche Form. So werden alle Gruppenmitglieder gefordert, ihre eigene Einstellung wieder zu geben, ohne dass sie durch die Meinungen anderer beeinflusst werden.
- Bei Reflexionen sollte die Spielleitung darauf achten, sich selbst aus dem Mittelpunkt zu ziehen, und die Gruppe in den Vordergrund zu stellen. Eine Formulierung wie z.B. «Mich würde interessieren, was euch gefallen hat» provoziert andere Wortmeldungen wie beispielsweise «Jetzt hat noch mal jeder die Möglichkeit, der Gruppe zu sagen, was ihm oder ihr besonders gefallen hat.» Die erste Formulierung könnte zur Folge haben, dass die Spieler überlegen, was die Spielleitung gerne hören möchte, wogegen die zweite dies zwar nicht völlig ausschließt, aber thematisch mehr die Gruppe fokussiert wird.
- Ein ganz schwieriger Punkt ist die Dauer einer Reflexion. Es ist unmöglich, darauf eine Standardantwort zu geben. Als Faustregel gilt, dass die Reflexion ungefähr die gleiche Dauer haben sollte, wie die Aktion. Hier ist die Spielleitung mit ihrer Intuition und Wahrnehmungsfähigkeit gefordert. Eine Reflexion sollte in erster Linie so lange

dauern, wie die Teilnehmer mit der Thematik beschäftigt sind. Es ist Aufgabe der Spielleitung, die Reflexion zum richtigen Zeitpunkt dem Ende näher zubringen. Indizien für einen solchen Moment können eine Steigerung der Geräuschkulisse sein oder einzelne Spieler, die anfangen Seitengespräche zu führen, innerlich abzuschalten oder aggressiv zu reagieren.

- Eine Reflexion sollte immer ein klares Ende haben und nicht mitten im Prozess aufhören und abgebrochen werden. Deshalb ist es Aufgabe der Spielleitung, so abzuschließen, dass alle Spieler bereit sind entweder im Programm fortzufahren oder dieses zu beenden. Eine Möglichkeit ist es, auf den Zeitrahmen hinzuweisen, und gegen Ende noch mal zu fragen, ob jemandem, noch irgendwelche wichtigen Punkte am Herzen liegen.

Zusammenfassung - Die Reflexionsphase

- Rahmenbedingungen für eine Gesprächsrunde schaffen

- Aufmerksamkeit auf sich ziehen, Kreisform als ideale Form des Gruppengesprächs

- Atmosphäre der Sicherheit und des Vertrauens schaffen

- Sicherstellen, dass alle Grundbedürfnisse (Hunger, Müdigkeit, Bequemlichkeit, etc.) gedeckt sind.

- Etablierung wichtiger Gesprächsregeln

- Es gilt das Prinzip «Challenge by Choice»
- Full Value Contract
- Leitung als Vorbildfunktion

- Sicherstellen, dass alle zu Wort kommen können

- Aktion und Reflexion miteinander verbinden

- Durch entsprechendes Setting/Reflexionsimpuls Brücke zum Spielgeschehen schlagen
- Keine zu großen Zeitabstände zu der Aktion

- Möglichen Gesprächsverlauf antizipieren

- Auf die Ziele und Erwartungen der TeilnehmerInnen achten
- Verknüpfung der einzelnen Redebeiträge
- Bezüge der TeilnehmerInnen untereinander herstellen
- Sicherstellen, dass die Runde für alle SpielerInnen interessant bleibt

- Auf den roten Faden achten

- Begrenzung der Reflexion auf 1-2 wichtige Themen
- Akzente in Form von Fragen stellen
- Darauf achten, dass die TeilnehmerInnen nicht zu weit abschweifen

- Aktives Zuhören

- Mit allen Sinnen präsent sein. Versuchen, zwischen den Zeilen zu lesen. Durch die eigene Gesprächshaltung die TeilnehmerInnen anregen, sich zu öffnen

Der persönliche Stil

Der persönliche Stil

«Jeder Jeck is anders» (Kölner Sprichwort)

Dieses Buch kann Ihnen die theoretischen Hintergründe, mögliche Vorgehensweisen und einige praktische Tipps an die Hand geben, um die Grundlagen einer ambitionierten Spielleitung zu schaffen. Jetzt liegt es am Leser, an der Leserin, die hier vorgestellten Grundlagen und Gedankenanstöße mit Leben zu füllen und in die Tat umzusetzen. Denn nur so kann man wichtige Erfahrungen sammeln und Routine im Umgang mit diesen Spielen bekommen. Das bedeutet jedoch nicht, nun alle hier vorgeschlagenen Anregungen einfach zu übernehmen, sondern diese kritisch zu betrachten und in den eigenen persönlichen Stil zu integrieren. Denn neben der Theorie und den praktischen Überlegungen ist besonders folgender Punkt von Bedeutung: Die Authentizität der Spielleitung! Wenn die Spielleitung in ihrem Verhalten nicht kongruent ist, helfen alle Tipps und Anregungen nicht viel. Deshalb eine letzte Ermutigung zum Schluss: Versuchen Sie einmal zu umschreiben, wie Sie generell eine Spieleinheit leiten, welches Ihr persönlicher Stil ist.

Das Verhalten eines Spielleiters lässt sich mit der Rolle eines Zirkusdirektors umschreiben, der sich immer wieder klar in den Mittelpunkt stellt und einen Rahmen vorgibt, in dem die Akteure dann frei handeln können. Er dirigiert mit sehr viel Feingefühl das Geschehen und beleuchtet mit dem Rampenlicht die wichtigsten Situationen und die dazugehörigen Akteure.

Ein anderer Spielleiter agiert wie ein Schäferhund, der seine Herde hütet. Er umschreibt zunächst den Rahmen, in dem sich die Spieler aufhalten können sowie alle notwendigen Regeln. Dann zieht er sich völlig aus dem Geschehen heraus, beobachtet und bewacht seine Gruppe von außen und achtet darauf, dass diese ungestört agieren kann.

Zwei völlig verschiedene Vorgehensweisen und doch können beide Spielleiter sehr erfolgreich mit dem Medium Kooperative Abenteuerspiele agieren, da beide so handeln, wie es zu ihrer Person passt.

Es gibt Spielleiter, die stets zur rechten Zeit für witzige Auflockerung sorgen und eine ungeheure Animationskraft besitzen. Andere wiederum zeichnen sich durch ihre Ruhe aus. Welcher dieser beiden Typen ist nun der bessere Spielleiter? – Beide können hervorragende Spielleiter sein, solange sie nicht versuchen, etwas zu verkörpern, was nicht in ihnen steckt.

Die eigene Vorgehensweise mit ihrem typischen Auftreten und Verhalten, lässt sich oft gar nicht so einfach in Worte fassen. Der Versuch lohnt sich aber auf jeden Fall, denn erst, wenn einem der persönliche Stil bewusst geworden ist, kann man im nächsten

Schritt überlegen, welche der Anregungen und Vorschläge aus diesem Buch auf die eigene Situation anwendbar sind und wie diese in den persönlichen Stil integriert werden können.

Deshalb empfiehlt es sich, nachzuforschen, worin die eigenen Stärken liegen und diese auszubauen. Auch ist es wichtig, sich über eigene Schwachpunkte klar zu werden, damit diese dann später bei der Anleitung von Spielen nicht zu Hindernissen werden. Wer seine Schwächen kennt, lernt besser mit ihnen umzugehen und kann Wege finden, sie zu kompensieren.

Aber das ist alles einfacher gesagt als getan und es dauert eine ganze Weile, bis man seinen eigenen Stil gefunden hat. Auch dann ist es keineswegs so, dass jede Aktion immer ein voller Erfolg wird. Wie schon in der Einleitung erwähnt, sind Kooperative Abenteuerspiele immer ein Abenteuer. Im Idealfall für die Spieler, aber immer auch eines für die Leitung. Dieses Buch will Sie ermuntern, sich auf dieses Abenteuer einzulassen mit bekannten Spielen zu experimentieren aber auch neue Wege zu gehen.

Viel Spaß beim Spielen!!!!

Jochen Plogsties wurde 1974 in Cochem an der Mosel geboren. Er studiert Malerei in Mainz. Tierwelten besiedeln seine Leinwandlandschaften.

Jochen Plogsties + Poststraße 80 + 55126 Mainz-Finthen + Telefon 06 13 1 / 4 96 65 3

Literaturverzeichnis

1. Abresch, Jürgen: Konkurrenz im Spiel – Spiele ohne Konkurrenz. Gießen: Mondstein Verlag 1984
2. Bacon, Stephen: Die Macht der Metaphern (The Conscious Use of Metaphor in Outward Bound). Alling: Dr. Jürgen Sandmann Verlag 1998
3. Baer, Ulrich: Spielpraxis – Eine Einführung in die Spielpädagogik. Seelze-Velber : Kallmeyer 1995
4. Bedacht, Andreas u.a.(Hrsg.): Erlebnispädagogik: Mode, Methode oder mehr?. München: Fachhochschulschriften Sandmann 1994
5. Däumling, Alf: Sensitivity Training (1968/1970). In: König, Oliver (Hrsg.): Gruppendynamik. Rieden: Profil Verlag GmbH München Wien 1995, 17-39.
6. Fritz, Jürgen: Vom Verständnis des Spiels zum Spielen mit Gruppen. Mainz: Matthias Grünewald Verlag 1986
7. Fritz, Jürgen: Theorie und Pädagogik des Spiels – Eine praxisorientierte Einführung. Weinheim; München: Juventa Verlag 1991
8. Fürst, Walter: Die Erlebnisgruppe – Ein heilpädagogisches Konzept für soziales Lernen. Freiburg im Breisgau: Lambertus 1992
9. Gäde, Ernst-Georg/Listing, Thomas: Gruppen erfolgreich leiten – Empfehlungen für die Zusammenarbeit mit Erwachsenen. Mainz: Matthias-Grünewald Verlag 1992
10. Gass, Michael A.:Book of Metaphors – Volume II. Dubuque IA: Kendall/Hunt Publishing Company 1995
11. Gilsdorf, Rüdiger/Kistner, Günter: Kooperative Abenteuerspiele – Eine Praxishilfe für Schule und Jugendarbeit. Seelze-Velber : Kallmeyer 1995
12. Gilsdorf, Rüdiger/Volkert, Kathi (Hrsg.): Abenteuer Schule. Alling: Sandmann 1999
13. Heckmair, Bernd: Konstruktiv lernen – Projekte und Szenarien für erlebnisintensive Seminare und Workshops. Weinheim und Basel: Beltz Verlag 2000
14. Heckel, Jürgen: Frei sprechen lernen – Ein Leitfaden zur Selbsthilfe. München: A1 Verlag
15. Hovelynck, Johan: Facilitating the development of generative metaphors: re-emphasizing participants guiding images. Australian Journal of Outdoor Education 1/1999 (Vol 4)
16. Jugendstiftung Baden-Württemberg: Erlebnispädagogik. Münster: Ökotopia Verlag 1993
17. Klippstein, Eberhard/Klippstein, Hildegard: Soziale Erziehung mit Kooperativen Spielen. Bad Heilbrunn/OBB: Verlag Julius Klinkhardt 1978
18. König, Oliver: Einführung und Überblick (1995). In: König, Oliver (Hrsg.): Gruppendynamik. Rieden: Profil Verlag GmbH München Wien 1995, 11-17.
19. König, Oliver (Hrsg.): Gruppendynamik. Rieden: Profil Verlag GmbH München Wien 1995
20. Kron, Friedrich W. (Hrsg.): Persönlichkeitsbildung und Soziales Lernen. Bad Heilbrunn OBB: Verlag Julius Klinkhardt 1980
21. Kron, Friedrich W.: Der Zusammenhang von sozialem Lernen und Persönlichkeitsbildung. In: Kron, Friedrich W. (Hrsg.): Persönlichkeitsbildung und Soziales Lernen. Bad Heilbrunn OBB: Verlag Julius Klinkhardt 1980, 13-24.
22. Luckner, Reldan S./Nadler, John L.: Processing the Adventure Experience – Theory and Practice. Dubuque IA : Kendall/Hunt Publishing Company 1992

23. Mann, Leon: Sozialpsychologie. Weinheim und Basel: Beltz Verlag 1972

24. Malcher, Jutta: Gruppen nicht ohne Dynamik. München: Bardtenberger Verlag GmbH 1977

25. Mueller, Ernst F./Thomas, Alexander: Einführung in die Sozialpsychologie. Göttingen: Verlag für Psychologie – Dr. C. J. Hogrefe 1974

26. Ostenrieder, Mark/Weiß, Michael: Erleben Lernen Kooperieren – Innovation durch erfolgreiches Miteinander. München: Fachhochschulschriften Sandmann 1993

27. Priest, Simon/Gass, Michael A.: Effective Leadership in Adventure Programming. University of New Hampshire: Human Kinetics 1997

28. Reiners, Annette: Praktische Erlebnispädagogik – neue Sammlung motivierender Interaktionsspiele. Augsburg: ZIEL 1999

29. Rechtien, Wolfgang: Angewandte Gruppendynamik. München: Quintessenz Verlags-GmbH 1992

30. Rechtien, Wolfgang: Zur Geschichte der Angewandten Gruppendynamik (1990). In: König, Oliver (Hrsg.): Gruppendynamik. Rieden: Profil Verlag GmbH München Wien 1995, 39-57.

31. Renner, Michael: Spieltheorie und Spielpraxis – Eine Einführung für pädagogische Berufe. Freiburg im Breisgau: Lambertus 1995

32. Ringer, Martin: The Theory and Practice of Games Leadership. In: Adventure Education 9 (4), 1992, 7-12.

33. Roes, Michael: Rub` Al-Khalie Leeres Viertel – Invention über das Spiel. Frankfurt am Main: Vito von Eichborn GmbH & Co. Verlag KG 1996

34. Rohnke, Karl: Cowtails and Cobras II – A Guide to Games, Ropes Courses & Adventure Curriculum. Dubuque IA : Kendall/Hunt Publishing Company 1989

35. Rohnke, Karl/Butler, Steve: Quicksilver – Adventure Games, Initiative Problems, Trust Activities and a Guide to Effective Leadership. Dubuque IA : Kendall/Hunt Publishung Company 1995

36. Schödlbauer, Cornelia u.a. (Hrsg.): Metaphern – Schnellstraßen, Saumpfade und Sackgassen des Lernens. Augsburg: ZIEL 1999

37. Schoel, Jim/Prouty, Dick/Radcliffe, Paul: Islands of Healing – A Guide to Adventure Based Counseling. Hamilton MA:Project Adventure Inc. 1988

38. Schmidt-Grunert, Marianne: Soziale Arbeit mit Gruppen – Eine Einführung. Freiburg im Breisgau: Lamertus 1997

39. Schwäbisch, Lutz/Siems, Martin: Anleitung zum sozialen Lernen für Paare, Gruppen und Erzieher – Kommunikations- und Verhaltenstraining. Hamburg: Rowohlt Taschenbuch Verlag GmbH 1974

40. Senninger, Tom: Abenteuer leiten – in Abenteuern lernen. Münster: Ökotopia Verlag 2000

41. Stroebe W. u.a. (Hrsg.): Sozialpsychologie – Eine Einführung. Berlin Heidelberg New York: Springer Verlag 1996

42. Wilke, Henk/van Knippenberg, Ad: Gruppenleistung. In: Stroebe W. u.a. (Hrsg.): Sozialpsychologie – Eine Einführung. Berlin Heidelberg New York: Springer Verlag 1996, 455-501.